TO DRESS "BASIC" WELL IN ONE'S WAY
STYLING METHOD

ベーシックを自分流に着こなす
こだわる男の
スタイリングメソッド

SHIPS顧問
鈴木晴生

講談社

はじめに

前著『服は口ほどにものを言う』を上梓してから、

2年の歳月が流れました。

この本では、基本であるスタンダードを身につけ、磨き続けること、

「自分だけのスタンダードスタイルの確立」がいかに大切なことか、

お話しさせていただきました。

そしてその後、「鈴木さん自身のファッションをもっと見たい」という、

大変光栄なご意見をいただき、出版の運びとなったのが、本書です。

私にとっての服装とは、自分自身をおおう、もうひとつの皮膚の

ようなもの。私自身と完全に融合・一体化した装いが理想です。

ですから例えば、ケーリー・グラントのスナップを見て、

「格好いい!」と思ったら、「彼にとっての白シャツはこの剣先の

長さがベストだけれど、僕にとっては何mmなんだろう?」

という調整を、納得できるまで何度でも、試行錯誤し続けます。

試みては夢破れ、元気を取り戻したら、再び挑戦する。

この繰り返しです。

本書でご紹介している服のブランドは、

あえて明かしておりません。

それは私が「シップス」の人間であるからではなく、

ブランドの名前に、私のスタイルの本質はないからです。

私の着こなしがベストであるとは申しません。

あなたには、あなた自身のスタイルがあるからです。

服装は、その人自身を発信する、雄弁なツールです。

己を発信するためには、まずは自分自身を知らなくてはなりません。

毎日の服を選ぶ作業が単純なルーティンワークに

なっている人もいれば、人生の歓びの一部となっている人もいます。

大切なのは、ファッショナブルに装うことではなく、

あなたらしく装った結果、スタイリッシュに輝くことです。

本書が、あなた自身のスタイルを熟考する

きっかけになってくれたら、それほど、嬉しいことはありません。

もくじ

はじめに 2

AUTUMN & WINTER
秋冬スタイル

SUIT STYLE
スーツスタイル 8

NAVY SUIT
ネイビースーツ 10

GRAY SUIT
グレースーツ
ピンチェック 12
グレンチェック 14
チョークストライプ 16

JACKET & PANTS STYLE
ジャケット＆パンツスタイル 18

NAVY JACKET
ネイビージャケット 20
チョークストライプ 24

NAVY BLAZER
ネイビーブレザー 26

TUXEDO JACKET
タキシードジャケット 30

GRAY JACKET
グレージャケット 32

COUNTRY JACKET
カントリージャケット 36

CORDUROY JACKET
コーデュロイジャケット 38

CHECK JACKET
チェックジャケット 44

TIE
タイ 48

COAT STYLE
コートスタイル 50

COAT
コート 52

KNIT
ニット 54

ACCESSORIES
アクセサリー 56

SPRING & SUMMER
春夏スタイル

SUIT STYLE
スーツスタイル 60

NAVY SUIT
ネイビースーツ 62
ネイビースーツ コットン 64

HAIRLINE STRIPE
ヘアラインストライプ 68

SEERSUCKER
シアサッカー 69

BEIGE SUIT COTTON
ベージュスーツ コットン 70

CUSTOM SUIT
カスタムスーツ 74

JACKET & PANTS STYLE
ジャケット＆パンツスタイル 76

NAVY JACKET
ネイビージャケット 78

GRAY JACKET
グレージャケット 80

BEIGE JACKET
ベージュジャケット 82

SHIRT JACKET
シャツジャケット 86

SAFARI JACKET
サファリジャケット 90

TIE
タイ 94

POCKET CHIEF
ポケットチーフ 95

POCKET CHIEF STYLING
ポケットチーフの入れ方 96

SQUARE ENDED FOLD
スクエアエンデッドホールド

MULTI POINTED FOLD
マルチポインテッドホールド

CRUSHED STYLE
クラッシュドスタイル

TRIANGLE FOLD
トライアングルホールド

COAT STYLE
コートスタイル 98

COAT
コート 100

OFF STYLE
オフスタイル 102

ZIP-UP CARDIGAN
ジップアップカーディガン 104

SHAWL COLLAR CARDIGAN
ショールカラーカーディガン 106

POLO SHIRT
ポロシャツ 108

OFF STYLE ITEMS
オフスタイルアイテム 110

SOCKS
靴下 112

STYLING METHOD
鈴木流 紳士の服装術

"自分らしさ"を見つけるには 114

自分に似合う服の選び方 116

自分流の着こなし術を見つける 118

HOW TO
タイ・スカーフ・チーフの結び方 121

TIE PLAIN KNOT
タイ プレーンノット 121

BOW TIE / ASCOT TIE A B
ボウタイ・アスコットタイA・B 122

SCARF A B
スカーフA・B 124

BANDANNA
バンダナ 125

おわりに 126

AUTUMN & WINTER

秋冬は、男性のスーツ姿が
もっとも精悍に映る季節です。
ビジネススタイルの基本である
スーツはもちろんのこと、
ジャケットやコートの
私なりのコーディネートを
お見せし、そこに至る
プロセスをお伝えします。

S UIT STYLE
for your messages

AUTUMN & WINTER

スーツはメッセージを発するツールである。
まずは "意志なき習慣" に疑問をもつべし

At first, you should have a question
toward a custom without the will.

単一の素材・色で体の大部分をおおうスーツは、"ひとつの印象が、体全体の印象となる" アイテムです。適度にフォーマルな印象を与えるため、ビジネスシーンにおけるユニフォームのような役割を果たしています。

「フォーマル」とは、自分を抑え、周囲に敬意を表する服装ですから、スーツで個性を主張しすぎるのは望ましくないと言えます。それだけに、多くの方は「スーツを着てさえいれば安心」という思いを抱きがちですが、実はそこに大きな落とし穴があります。

長年の習慣に従って装うスーツは、周囲に常に同じ印象を与えるものです。

装いに保守的であることは、悪いことばかりではありませんが、それは、"没個性" に陥っていなければ、の話です。

「同じ印象を与え続ける」とは、「発展の可能性がないこと」を意味します。コミュニケーションにおいてもビジネスにおいても、こうした印象はマイナスです。言うまでもなく、チャンスや改革にはつながりにくいからです。

ですから、"これからのスーツ" を考えるのであれば、まずは、「意志をもたず、習慣で装ってきた」ご自分のスーツスタイルに、疑問をもつことからはじめてみてください。長い間、「安全・無難」と思い込んでいた装いは、実はあなた自身に何の利益ももたらしてはいません。

スーツは使い方次第で、多弁なアイテムへと変わります。表地の織りや質感、ネクタイやシャツとの調和……。これらを駆使すると、あなた自身を発信するツールとなり得るのです。

A MODERN

B CHIC

SUIT STYLE
NAVY SUIT
ネイビースーツ

D

E

A サキソニーのスーツにピンポイントオックス（※1）のシャツは好相性。ドレッシィなドットタイがVゾーンを締め、ストライプを引き立てる。**B** フランネルのプリントタイ。シャツの白、タイのグレー、そしてストライプと、グラデーションで清潔感と調和を。**C** ストライプを重ねる際は、幅や太さに差をつける。スポーティなBD（ボタンダウン）にハンティング柄のタイで英国の香り。**D** '20年代、紳士がスーツしか着なかった時代のヴィンテージウォッチ。**E** 「チャーチ」のメダリオン付きウイングチップは、洒落たスーツスタイルの定番。表革、あるいはダークブラウンに替えれば手堅い印象に。

※1 いわゆるオックスフォード生地よりも細い糸を使用した、目の細かいオックス地。控えめな光沢感があり、やわらかく、しなやか。

スポーティなBDに
ドレッシィな
ソリッドタイで
モダンな着こなし
— POINT

SPORTY

秋冬のスーツ。2着目にはチョークストライプを

スーツのコーディネートは、シチュエーションによって変化します。場の目的、環境、集まる人々等の条件を加味しつつ、「いかにバラエティを演出するか」が問われます。

　まずは、ネイビーのスーツです。言うまでもなく、ネイビーはビジネスにおいて、もっともフォーマルな色。拙著『服は口ほどにものを言う』で、「最初に買うべきは、ネイビーの無地のシングルの2ボタン、または3ボタン」と申し上げました。理由は、「もっともベーシックだから」。今回はもう一歩進んで、ストライプのスーツについて考察しましょう。

　秋冬の代表は、チョークストライプ。あたたかみを感じさせる、うっすらと毛羽立ったサキソニーや、やや厚手で起毛したフランネルといった生地と相性がよく、曖昧でかすれた縞が特徴です。

　縞のピッチは1.2〜1.5cmが適切でしょう。ストライプは無地と比べ、生地自体が"動き"を感じさせます。したがって、「柄をポップに見せないように着る」ことが肝要です。

サックスのBD（ボタンダウン）はエンド オン エンド（※2）。オックスフォードのBDは着ません。スーツにはカジュアルすぎるから。
※2 別名、刷毛目（はけめ）。縦糸に紺と白、あるいは紺の濃淡のある糸を交互に配列し、横糸も同様の色糸の配列で織り込んだ平織りの生地。

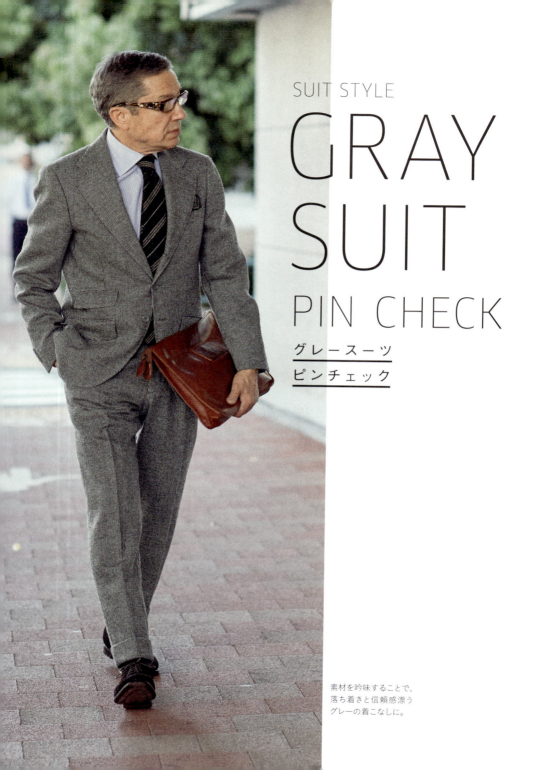

SUIT STYLE

GRAY SUIT

PIN CHECK

グレースーツ
ピンチェック

素材を吟味することで、
落ち着きと信頼感漂う
グレーの着こなしに。

かすかにベージュを
感じさせる
グレージュカラー
▶ POINT

生地と
同系色の
ボタン
▶ POINT

A

A ジャケットの重厚感に負けないツイード素材、ストライプのタイでスポーティに。**B** イングリッシュタンのブリーフケース。スーツにはハンドルなしがエレガント。**C** スエードの外羽根式ウイングチップは「チャーチ」。濃いコーヒーブラウンで締めて。

B

C

脱・没個性。グレーのスーツは素材で遊ぶ

ネイビーと並ぶ、ビジネススーツの代表色であるグレーは、ともすれば、地味で没個性な印象になりがち。特にフラットな素材は無表情で、ビジネスに必要なアグレッシブな姿勢を表現するには物足りない色です。

　そこでおすすめしたいのが、ツイード素材。ツイードは主にジャケットに使われる生地で、昔はツイードのスーツを着ているだけで「オーダーものだな」とわかり、着る人のこだわりを感じさせるものでした。今では既製品で手に入ります。

　ツイードがもつ、表情に富んだ素材感と骨太なスポーティ感は、グレーのスーツを精悍に、シャープに見せてくれます。何より、秋の街の風情に非常に似合う佇まいです。

　ピンチェックなど、無地に近いものを選べば、オフィスでも違和感は少ないはずです。若い世代が真似できない大人のスーツとして、取り入れてみてはいかがでしょうか。

GLEN CHECK
グレンチェック

さり気なくのぞく
懐中時計の
チェーンが粋
―
POINT

A シンプルなブレスレットと懐中時計は30年以上愛用。**B** 黒でも表革でも合わせられるが、洒脱さで勝るのは茶のスエード。

今、正統派英国スタイルに価値を見い出す
肉厚のフランネルをフェルト加工し、目の詰まった硬く重たい生地をスリーピースに仕立てた、グレンチェックのスーツ。肩パッドの入ったショルダーライン、シェイプされたウエストと、仕立ても正統派英国式。ドラマティックで、しかも重厚な印象を、見る者に与えるスーツです。

　私自身は、軽くやわらかな素材をふわりとまとうのがスーツの主流である今、あえてこういったスーツを選ぶ行為に、

強いアイデンティティを感じます。一切の浅薄さを排除した男の仕事着としても、魅力的な一着ではないでしょうか。

とはいえ、目下注目のアイテムであるスリーピースで、11cmと広めのラペル（一般的なラペルは8.5cm）は、旬のトレンドでもあります。ファッションを楽しむ際には、自己満足的なノスタルジーにひたるだけでなく、ディテールのどこかに新しさを感じさせることを、常に忘れてはなりません。

グレンチェックに使われたエクリュ（淡いベージュ）とネクタイをリンクさせて。白いシャツでエレガントに装う。さらにシルクのチーフで華やかさを。

カントリーの代表色、
オリーブは
グレーと好相性
POINT

CHALK STRIPE
チョークストライプ

Aパッチポケットに、チーフをふんわりと。スーツのスポーティなディテールを強調。**B**スーツに使った生地の残りを利用し、Dカンと組み合わせてつくった、オリジナルのブレスレット。**C**「チャーチ」のウイングチップ。ソックスはパンツの色みに合わせ、靴の茶を効かせる。

POINT

黒のニットタイが
スーツの表情を
180度変える

スーツにニットタイを合わせはじめたのは、'20年代パリに集まった画家たちだった。アーティスティックで都会的、かつフェミニン。

グレーのスーツは"カントリー"を意識して洗練を極める

10ページではネイビーのチョークストライプスーツをご紹介しましたが、こちらはその対極となる、グレーのチョークストライプです。英国では、濃紺ベースのストライプ生地を、金融業など信用を重んじる職業に就く人の多くが着用することから、「バンカーストライプ」と呼んでいます。いわば、ビジネススーツの王道。

一方、グレーはと言うと、ホースライディングジャケットなどに見られるように、(ほんのかすかではありますが)カントリーを感じさせる色。この点を考慮しながらコーディネートすると、グレーの魅力が最大限に引き出せるはずです。

ご紹介しているスーツは、グレーのスポーティ感、カントリーな匂いを強調するかのような、パッチポケットがポイント。ふわっとたたんだ"スクエアエンディングフォールド"のポケットチーフで、ディテールをさらに際立たせています。

左のVゾーンは、グレーを基調に薄いサックスブルーのシャツ、イエロー×レッド×オリーブのタイ、そしてオリーブのチーフという、カントリーを象徴する色同士の組み合わせ。トーンを揃えることで、軽やかな印象に仕上げています。

一方で上のVゾーンは濃いめのブルーのシャツに黒のニットタイ。遊びの要素を強めた着こなしですが、カジュアルな方向ではなく、フェミニンに傾いている点に着目してください。都会的で洗練された大人に似合うコーディネートです。

JACKET & PANTS STYLE
for business scene

AUTUMN & WINTER

準フォーマルなジャケット＆パンツスタイルは、
今日的な新鮮味を効かせた着こなしを

Be dressed contemporarily
by a fresh way.

———

スーツの上下をセパレートさせたジャケット＆パンツスタイルは、スーツから派生した着こなしです。当然、格としてはややカジュアルになります。とはいえ、ビジネスシーンにおいて、ネイビーのスーツをフォーマルとするならば、ネイビージャケットとグレーのスラックスの組み合わせは、準フォーマルくらいの位置づけとなります。オフィスのドレスコードで許されるならば、ぜひ活用していただきたいスタイルです。

　注意すべきは、ネイビージャケット自体に、ユニフォーム的なイメージが強いこと。洒落た印象をおもちの人は少ないのではないでしょうか。こういったアイテムを「今さら……」と感じさせずに着こなすには、どこかに必ず今日的な新しさを反映させることが必須です。

まずは素材、あるいはかたちに、新鮮な表情をもつネイビージャケットを選ぶことです。そしてコーディネートの際にも、どこかに新しさを意識して取り入れてください。

　例えば左のコーディネートは、ストライプのタイに白のレギュラーカラーのシャツの組み合わせ。ワイドカラー全盛の時代を経て、白のレギュラーカラーが今また新鮮に映ります。

　ネクタイのストライプは、英国紳士の伝統的な社交場であるクラブを連想させます。英国のクラブ、あるいはパブリックスクールのテイストを加味することは、ネイビージャケットがもつスポーティ感を強調し、着こなしに格を感じさせるのに、非常に有効です。

JACKET & PANTS STYLE
NAVY JACKET

ネイビージャケット

ジャカード織
ラペル幅10cm
POINT

POINT
ラペル幅に合わせた
幅広のネクタイ

POINT
2プリーツ
スラックス

保守的なアイテムだからこそ旺盛な遊び心を

「新鮮な表情のネイビージャケット」について、さらに考察を続けましょう。私が着用しているブレザーは、ニュアンスあるジャカード織。10cmという幅広の襟、さらに脇はハイウエストでシェイプしています。色合いは、学校の制服のような紺ではなく、黒を含んだ濃紺、または少し明るめのブルーを。かすかにパープルを感じさせるフレンチブルーも新鮮です。

　相対する人は、まずシルエットや色みに新しさを感じ、近寄ってからは、織りやディテールの新しさに目を奪われるでしょう。「あまりにも保守的」なイメージの強いアイテムを着用する際には、これくらいのインパクト、遊び心が必要です。

A幅広のレトロなネクタイは、今風の素材感と色合い。クレリックシャツで英国テイストを強調。**B・C**紐靴よりカジュアルなスエードのタッセルパンプス。スラックスの色に合わせた無地のリブソックスで。

時には
コサージュで
洒落て
─────
POINT

パンツ丈のバランスにも留意を

ジャケット同様、スラックスの選択にも慎重さが求められます。「すでに所有している」と思っても、トレンドは常に更新され、永遠不滅のものなどありません。着用のミディアムグレーのスラックスは、復活を遂げた2プリーツ。ベーシックな着こなしがお好きならば尚更、洒脱に見せるために、メッセージ性の高いアイテムを意識することが大切です。パンツ丈はフロントが靴に当たるか当たらないか、くらいが目安。

D ワイドカラーのクレリックシャツはブルーのロンドンストライプ。ロイヤルクレスト（紋章）柄のタイで、もっとも英国的な組み合わせ。

クリームベースの
ビッグペイズリーの
ニットタイ
POINT

袖のボタンは
はずして
ラフさを演出
— POINT

Aホワイトバックスの紐靴。白だった紐を黒に替えた。黒のラバーソールであれば、軽いビジネススタイルにも。
Bチェックのニットタイがジャケットのスポーティ感を際立たせる。

"色で遊ぶ"インディゴのツイードジャケット

20〜21ページでは、織り（素材）で遊んだジャケットを紹介しましたが、こちらはもうひとつのアプローチ。色で新しさを表現した、インディゴ染めのツイードジャケットです。脱色したように褪めた色合いと、パッチポケット等の仕立てに、肩の抜けたリラックス感が漂います。さらにツイードという肉厚な素材がカントリーを感じさせます。

コーディネートは、フェアアイル柄のニットベストにブルーのタブカラーシャツ、クリームベースにビッグペイズリーがクラシックなウールのニットタイを。カントリーでリンクさせているので、真面目すぎるシルクタイでは野暮になります。

ボトムスに細畝のコーデュロイやチノを合わせれば、完全に休日のスタイルになりますが、ここではオフィスを意識して、細身シルエットのフランネルのスラックスを組み合わせています。淡いブルーのシャツに明度を揃えて、21ページより明るいライトグレーを合わせました。

CHALK STRIPE
チョークストライプ

A B

スーツのジャケットをあえて単品で着こなす

フランネルにチョークストライプが入った、ダブルブレストジャケット。ここではあえて"ジャケット"として扱っていますが、実はスーツとして購入したものです。

現代ではスーツの上着を単品で活用する人はほとんどいませんが、'30年代の紳士はスーツを単品で組み合わせ、自由な発想で優雅に着用していました。その歴史を踏まえ、「お手持ちのスーツのジャケットも、ボトムスを替えることで新しい空気を醸し出すのでは？」という、私からのご提案です。

ポイントは、「あえてスーツのジャケットを単品で着る」ことですから、ボトムスにはまったく異なる質感や色のパンツを選びます。ジャケットの素材と色に似たボトムスを合わせ、しかもお洒落に見せるには、高度なテクニックを要しますので避けたほうが賢明です。

ダブルブレストはシングルブレストよりも歴史が古いアイテムです。'30年代のブルーワーカー風、つまり強いコントラストをつけない同色系のコーディネートを試してみることもあります。

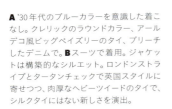

A '30年代のブルーカラーを意識した着こなし。クレリックのラウンドカラー、アールデコ風ビッグペイズリーのタイ、ブリーチしたデニムで。**B** スーツで着用。ジャケットは構築的なシルエット。ロンドンストライプとタータンチェックで英国スタイルに寄せつつ、肉厚のヘビーツイードのタイで、シルクタイにはない新しさを演出。

C ビンテージ風、杢糸使いのオルタネイトストライプシャツと、枯れた色合いのシルクタイが好相性。**D** ボルドーにベージュの、レトロな風合いのドットタイが鍵。**E** ラウンドカラーで、タブカラータイプのシャツに小紋柄のウールタイ。渋い色目でも地味に見せない。**F** デニムを合わせた着こなしの好例。ストライプのクラブジャケットに馬の鞍をルーツにもつサドルシューズを。

POINT

クレリックカラーの
シャツでスクール
ブレザーの雰囲気を

A

JACKET & PANTS STYLE

NAVY BLAZ

POINT
ボトムスはカーキの
チノではずして

POINT
レースタッセル
パンプス

ベーシックなブレザーを今の気分で着こなす

ここでご紹介するのは、古典的なブレザーの着こなしの代表例です。ブレザーはジャケットの一種ですが、金や銀のメタルのボタンを使用したものを一般的にブレザーと呼んでいます。ネイビーのジャケットよりも、さらにクラブ的な雰囲気が強調されており、端に施されたステッチとあいまって、コーディネートも、よりカジュアルになります。なぜなら、現在では装飾的な意味合いが強いステッチは、本来、強度を高めるのが目的であり、軍服やユニフォームには必ず用いられていたものだったからです。とはいえ、装いに今日的な要素は必須です。このブレザーはやわらかなフランネルという素材、若干幅広のラペル、シェイプされたシルエットによって、時代的な風を表現しているのです。

A ブレザーは'70年代に購入したもののリメイク。クレリックシャツ、グレーのスラックスを合わせると英国パブリックスクールのユニフォーム風。**B** ブレザー×チノパンもユニフォームがルーツの定番スタイル。**C・D** タータンチェックのシャツ、クラブ的な色柄のソックスでカジュアルな着こなし。

ER ネイビーブレザー

J ACKET & PANTS STYLE
for formal scene

AUTUMN & WINTER

自分の存在感は抑えつつ、主役をサポートする。
フォーマルシーンでの大人のたしなみです

Be anxious about
that you support the leading role.

フォーマルシーンでの装いについては、たびたびご質問を受けます。日本では「フォーマル」といっても、いわゆる正装（※4）で出掛ける機会はあまりなく、多くがセミフォーマル（※5）、もしくはインフォーマル（※6）であることがほとんどでしょう。しかも、時代のキーワードである「エフォートレスシック」の流れを受け、肩の力が抜けた、いわゆる "抜け感のある着こなし" が主役となっているようです。

とはいえ、「ダークスーツに華やかなタイを結び、ポケットチーフをすればOK」というのも、少々つまらない気がします。そもそも晴れの場は、招待してくださった方への敬意を込めて装う場。自分の存在感を抑えつつ、いかに主役をサポートするかが鍵です。主催者側が晴れやかな祝いの席を望んでいるのであれば、やはり華やかな装いを心掛けるのが、大人のたしなみというものです。

ここでは、タキシードジャケットを使ったコーディネート、2パターンをご紹介します。ミッドナイトブルーの地に、黒の拝絹（はいけん）（※7）をあしらったジャケットは、その配色に都会的な夜の匂いが漂います。ボウタイをしめることでフォーマル感を出しつつ、赤というハッピーカラーのソックスにより、こなれた "抜け感" が演出されています。この装いであれば、ドレスアップした女性をエスコートする際にも、気後れすることはありません。ファッションが自由に、そしてカジュアルになった今、こうした "抜け感" の演出が、新しいフォーマルのかたちと言えるのではないでしょうか。

ハッピーカラー
___
POINT

※4 男性の正装は、昼…モーニングコート、夜…テールコートもしくはタキシード。※5 昼…ディレクターズスーツ、夜…タキシード。招待状に「ブラックタイ」と書かれていたら、迷わずタキシードを。※6 昼…ダークスーツ。※7…朱子織のような光沢のあるシルク。

絶妙なカラーバランスが、地味派手の極み。

JACKET & PANTS STYLE
TUXEDO JACKET

タキシード
ジャケット

モダンな配色で都会的な華やかさを
フォーマルのアイコンとも言うべきボウタイを外し、ハイゲージのモックタートルを合わせた着こなしです。

　アイテムだけを見れば、29ページよりもさらにカジュアルなコーディネートですが、ボトムスをチャコールグレーのスラックスに替え、ぐっと締めた配色の妙で華やかさを演出しています。スタイリッシュなモード感を強調すべく、ソックスもリブのチャコールグレーに。レストラン等での軽いパーティには、ぴったりの装いではないでしょうか。

　ポイントは、モノグラム入りベルベットパンプス。"非日常"を演出するための、大切な脇役です。

A ドレスシャツにボウタイは定番だが、ジャケットの地がミッドナイトブルーであるところが肝。**B** もっともフォーマルなシューズである、モノグラム入りのベルベットパンプス。

紳士の装いのお手本、横浜の老舗、「信濃屋」の白井俊夫さんと。

スーツの上着を単品で。グレーの場合

ネイビー同様、グレースーツのジャケットも、単品で着こなすことが可能です。ここでは、14ページでご紹介した、グレンチェックのスーツのスラックスを合わせてみました。

グレーという色の特徴は、前述の通り、地味で没個性な印象になりがちなことです。ただ、裏を返せば、大人の落ち着き、つまり信頼感や品格を、表現しやすい色でもあります。何より、ネイビーと比べ、コントラストの強い色ではありませんから、その曖昧さを活かし、曖昧色同士のグラデーションコーディネートを試みると、洗練した着こなしが楽しめます。

その際は、どこかに柄物を配することでアクセントをつけて。「退屈な着こなし」から脱することができるはずです。

丈を短めに
直して
若々しさを
プラス
—
POINT

P14の
グレンチェック
スーツの
スラックス
—
POINT

JACKET & PANTS STYLE
GRAY JACKET

グレー
ジャケット

J ACKET & PANTS STYLE

by country style

AUTUMN & WINTER

古き良き時代へのオマージュを込めて。
ジャケットで遊ぶ、カントリースタイル

With the homage
to the good old days.

さまざまな分野で技術革新が進んだ現代において、カントリースタイルはまさに"様式"であり、フィールドの趣きを楽しむものに過ぎません。しかし19世紀の英国貴族たちが愛用したハンティングジャケット等のアウターは、野外に出向く目的に応じて、その機能を発達させた実用アイテムでした。過酷な自然環境から身を守るため、目の詰まったツイード素材を基本に、機能がデザインに直結した、非常に合理的なアイテムだったのです。現代人からすると、もはや機能的とは言えませんが、それでも毎年、多かれ少なかれ注目を集めるのは、かつての「良き時代」への愛着、ノスタルジーの表れと言えるでしょう。

さて、これはフィールドアイテムに限らずの話ですが、私は新たに購入した洋服を、さらのままオフィシャルな場で着用することはありません。2シーズンほどは、散歩等、私的なシーンで着慣らし、少しずつ手を加え（これについては後述します）、自分の体に馴染ませてから、そっとお披露目するのが常です。

例えば、写真で着用しているハッキングジャケット。硬いツイード素材が体に馴染み、「大切に着込んだ」感じがおわかりいただけるでしょうか？　ツイードという素材は、着古して味が出てくる素材。ゆっくりと時間をかけて味出しをするのが、楽しみのひとつでもあります。少なくとも、服に備わった機能やディテール、それらが生まれた背景に思いを馳せる時間こそ、本当の意味で"服を着こなす"ことにつながるのではないかと思っています。

フォークロア柄の
ニットタイ
—
POINT

HACKING JACKET

ハッキングジャケットとは、乗馬用の上着のこと。シェイプされたウエストと裾のフレアーが特徴で、馬上で手を入れやすいよう、腰ポケットは斜め切りになっています。

　着こなしは、無骨なツイードに合わせ、手編み風スリーブレスカーディガン（ベスト）、手編みのタイ、洗い込んで軽く毛羽立たせたチノパンと、全体に野趣あふれる素材感で統一。アースカラーのトーン イン トーンでまとめています。

NORFOLK JACKET

18世紀初頭にノーフォーク公爵が着用した狩猟用のスーツの上着からアイデアが生まれました。最大の特徴である太いベルトは、狩猟で捕らえた鳥やウサギを挟んでおくためのものでした。精悍さを感じさせるアイテムですので、休日のジャケットスタイルとして活用してみては。

　海老茶色のジャケットを主役とした全身のカラーバランスが、着こなしのポイントです。ストールの柄も効果的。

JACKET & PANTS STYLE

COUNTRJACKET

カントリージャケット

A 防寒という機能を考慮し、インナーにカーディガンやベストを着用すると、より雰囲気が出る。**B** 足元はレースタッセルパンプス。野趣にひと匙のエレガンス。つなぐのはストライプのソックス。**C** チェックのシャツにウールのストールとツイードのソリッドタイ。**D** 5ポケットのチノパンに、「チャーチ」のチャッカーブーツ。

JACKET & PANTS STYLE
CORDUROY

JACKET

コーデュロイジャケット

ラウンドカラーの
クレリックシャツ

▶ POINT

A「オールデン」のサドルシューズ。ソックスのストライプで、色をリンクさせて。**B** 英国調を意識したアイテムで統一。

コーデュロイジャケットに、エレガンスを少々

英国調カントリースタイルの定番といえば、コーデュロイジャケットははずせません。コーデュロイとは、縦畝の起毛した綿織物。丈夫で、保温性・吸湿性にも優れています。日本では「コール天」と呼ばれていました。

　ロイヤルレジメンタル（※8）のタイ、ライトグレーのフランネルのスラックスとの合わせは、これまた定番的な着こなしですが、ポイントはラウンドカラーのクレリックシャツです。ここにBD（ボタンダウン）を合わせては、単なるトラッドボーイになってしまいます。都会的でドレッシィなシャツを合わせることで、知的な大人の着こなしに格上げしています。ひねりの効いたファンシーさが、面白い試みかと思います。

※8 ストライプの間に紋章（クレスト）を配置した柄。現在では紋章の代わりに馬や鳥、犬などのモチーフを組み合わせた柄が多い。

時にはハッピーな気分を表現する服があっていい

一般的に、オフィスで着用できる色は限られています。多くの男性は、週のうち5日は、ネイビー、グレー、あるいは茶色などを着て過ごすのですから、「週末くらいは明るい色が着たい」という願望は、どこかにおもちのはず。「でも、何色を選べばいいのかわからない」。そうではありませんか？

おすすめは、グリーンです。赤ほど強烈でなく、たぶんピンクほど、気恥ずかしく感じる色でもないでしょう。着慣れたベーシックカラーに合わせやすいという利点もあります。

写真のコーデュロイジャケットは、赤いベストに茶系のウインドウペーン（※9）のスラックスを合わせた着こなし。フランネルのスラックスでグレーの無地なら合いますが、ちょっと動きのある柄を組み合わせることで、休日のハッピーな気分を表現してみました。クリスマスシーズン、ホームパーティなど、ちょっとした"晴れのシーン"に格好のスタイルです。

※9 窓の格子のような縦横の細い枠の線で四角形を形づくる格子柄。英国の伝統柄のひとつ。

ブラックのニットタイ
—
POINT

CORDUROY JACKET
コーデュロイジャケット

A「チャーチ」の"シャンガイ"。ソックスは濃茶のリブ。**B** ネイビーのタイではありきたり。黒でキリッと引き締めて。

JACKET & PANTS STYLE
for your own life

AUTUMN & WINTER

「装うこと」は、私の人生そのもの。常に
自分らしくあるために、手間暇は惜しまない

Spend time and make the effort
to dress well like yourself.

前述した通り、私は新たに購入した服を、そのまま人前で着用することはありません。あえてそのままタンスに寝かしておいたり、プライベートで着慣らして、「改善すべき点」を模索します。

そもそも、私が服を選ぶ際、「この服はこう着たい」というイメージなしに購入することはあり得ません。そこからさらに時間をおくことで、これから吹くであろう時代の風、トレンドを自分なりの方法で服にまぶしていく工程を、とても大切にしています。

そしてその工程の一環として、かなり大がかりな「お直し」をすることも。具体的には、服を水に通してわざと少し縮ませ、自然な風合いを出したり、やすりを使って毛羽立たせたり。セーターなどは毛玉取りを使って着込んだ感じを出す

こともありますね。当然、サイズ感も変わりますから、そこはほどいて修正し、また気づいた箇所を手直しして……。大抵は2シーズンほど、この工程を繰り返します。

お洒落とは、服を通して自分らしさやキャラクターを主張する行為です。装いには当然、着る人の内面が反映されます。「鈴木晴生らしく装う」ために、どうしてほんの少しの手間や時間が惜しいと思うでしょうか？ カスタマイズを重ね、自分固有のスタイルを表現するために、手間暇をかけ、その完成度を高めていく工程は、何よりの歓びです。

私が着ている服はすべて、私の皮膚のような存在であり、私自身です。この姿勢を貫くことが、私のダンディズムであるとも言えるでしょう。

CHECK
JACKET

チェックジャケット

A チェックの一色とリンクさせたウールタイと、洗いをかけたコーデュロイパンツを。**B** 水色のオックスフォード、ラウンドカラーのシャツに、ハリスツイードのボウタイ。白いパンツは帆布素材の5ポケット。ボトムスは、ジャケットの素材感に負けない素材を選ぶことがポイント。

一緒に10年の時を刻んできた、愛用の一着

このジャケットは、私が企画した「ワインレーベル フォー シップス」というブランドで、10年ほど前につくったものです。ツイードのジャケットとベストのツーピースなんて、当時としては画期的で、今でも店頭で見かけることはほとんどないかと思います。「体に馴染んだ感じ」を出したくて、生地を洗いにかけてから縫製しています。職業柄、「新しいものを次々、着ているのでしょう？」と思われがちですが、事実は正反対。ジャケットからコートまで、10年以上着続けることは珍しくありません。このジャケットも10年の間に、肩幅、着丈、脇、袖丈と、少しずつ直しながら着ているため、当初のシルエットとは、随分違うものになっています。信頼できるリフォーム店さえあれば、手を加えながら着続けることが可能です。最近よくお願いしているのは「心斎橋リフォーム」。要望通りに直してくれるおすすめの店です。

トレンドに即した
コンパクトな
肩に
— POINT

脇を絞って
シェイプした
シルエットに
— POINT

着丈を
短くして
「今日風」に
— POINT

C 足元はスエードのチャッカーブーツ。**D** 白のバックスキンにボーダーのソックスを効かせて。

A 独特のヴィンテージ加工が施された、"チャーチ"の"シャンガイ"。キルト付きのモンクストラップ。**B** 色と素材で遊んだジャケットゆえに、コーディネートはベーシックに徹する。全身の色みも抑えて。

"無難"に安住せず、もっと冒険を！

私たちが服装に気を配るのは、大前提として周囲に失礼にならないため、場にふさわしい役割を果たすためです。とはいえ、これを言い訳に、没個性なファッションに安住する人は、自ら"発展の芽"を摘みながら人生を歩む人だと思います。

写真のジャケットは、ループヤーンと呼ばれる特殊なモヘア糸を使用したツイード素材。柄は茶を基調とした、クリームとサックスのビッグチェック。かたちはいたってスタンダードなテーラードですが、色と素材が変わるだけで、非常に新鮮な印象を与えます。私自身、ファッションの世界に身を置いてから、随分長い年月が経ちましたが、今でもこれまで経験したことのないアイテムに身を包むと、心の高揚を感じます。このワクワク感こそが生きる力であり、成長への推進力です。ぜひ、"無難"という殻を破って、装う歓び、楽しさを味わっていただけたらと思います。あなたがまだ知らない、あなた自身の可能性が、きっと見えてくるはずです。

ループヤーンを使ったファンシーツイード
—— POINT

ネイビージャケットに似合う、ストライプのタイ。

NECKTIE

BOW TIE

ASCOT TIE

A ウール素材のタイは、サキソニーやフランネル、ツイードなど、起毛素材のジャケットやスーツに。**B** ボウタイも多彩。**C** ドット、ペイズリー等、アスコットタイはやわらかな印象の柄を楽しみたい。**D** 遊びの要素の強いウールタイはジャケットスタイルに。

Vゾーンの要は、ニューカマーのネクタイ

長いこと、ネクタイはシルクの平織りが基本でしたが、その流れも変わり、新しい色の組み合わせや素材感のものが求められています。表面積は狭くとも、強いメッセージ力のあるアイテムです。今まで手に取ったことのない色柄を、少し目先を変えて組み合わせると、手持ちのスーツやジャケットも新鮮に映ります。おすすめは肉感のあるウール素材ですが、糸が太く（目が粗く）、柄が大きくなるほどにカジュアルになります。スーツに合わせるのであれば、ソリッドやベーシックなストライプが使いやすいでしょう。ただし、光沢感のないウールのソリッドは、地味になりがちなのでご注意を。

タイ TIE

COAT STYLE
by specialty brands

AUTUMN & WINTER

"元祖・男のコート"は専業ブランドから。
最低10年着なければ、サマにならない

Wear it for at least ten years.

ここ数年、フィールドコートやダウンなど、カジュアルコートをスーツにはおる男性が増えました。しかし、大人のコート姿を精悍に見せてくれるのは、やはり軍服をルーツにもった、無骨な"元祖・男のコート"です。

年間を通して一着持っていると便利なのは、ライナー付きのトレンチコートでしょう。ダブルの前開きやエポレット（肩章）など、機能から生まれた無駄のないデザインは、永遠の定番。写真で私が着用しているのは、1975年頃に購入した「アクアスキュータム」です。実に40年以上、着続けていることになります。

とはいえジャケット同様、常に今日的であるためには、サイズ感等のアップデートが必要です。写真のコートも、元々は膝下のロングコートでした。5年に一度は、肩幅や身幅、着丈を微調整して、今に至ります。生地がへたったり、あちこちほころびた箇所を直しながら着続けることで体に馴染み、なんとも言えない味わい、風情が生まれるのです。

「コートは最低でも10年は着続けないと、格好よく着られない」というのが私の持論。そして、「気に入ったものは大切に着続ける」ことも美学です。きちんと繕ってさえあれば、ほころびは決して恥ずかしいものではありません。こうした点からも、コートはモード性の高いラグジュアリーブランドではなく、伝統に支えられた専業ブランドから選ぶことをおすすめします。

カラーはベージュ系がよいでしょう。重たい印象になりがちな冬の装いに、軽やかさを与えてくれます。

時代ごとに
更新したフォルム
── POINT

TRENCH COAT

第一次世界大戦中、寒冷な欧州での戦いに対応する防水型の軍用コートを必要とした、英国軍のオーダーによって開発されたトレンチコート。ウールのストールは防寒という実用性に加え、汗や皮脂からコートを守る役割も果たしています。ボタンを留めた際、ストールがきれいに収まるあきのものを選ぶこともポイントです。

COAT コート

SHAWL COLLAR COAT

意外なことかもしれませんが、ショールカラーコートも英国ミリタリーを代表するコートのひとつです。フィールドで首を温めるためのニットリブがあしらわれているのが特徴。20年間愛用しているコートは、ニット部分がかなりへたっていますが、丈夫なキャンバス地の身頃は、数回のリフォームを経ても健在です。細身のパンツと合わせて。

DUFFLE COAT

こちらは15年前に購入した、英国アーノルド ブルック社の"トラディショナル ブリティッシュ ダッフルコート"。26ページで着用したネイビーブレザーの装いに。クレリックシャツにタイドアップした英国スタイルに、ボーイズスタイルを意識したスクールマフラーをさり気なく。40代、50代を越えると、トラッドスタイルが不思議としっくり似合ってくるものです。

A この風合いを出すために、洗濯機にかけたことも。**B** ウールのチェックマフラーをざっくりと。**C** タイドアップしたダッフルコートの着こなしは、女性からの好感度も高い。

KNIT ニット

時にはタイドアップして。お洒落なニットを見直す

ニットとは、ジャージィやカットソーも含めた編み物の総称です。リラックスウエアと防寒着という、ふたつの側面から発達してきました。伸縮性に劣る布帛と比べ、体に優しく馴染み、動きに寄り添うため、「抜け感」や「リラックス感」がキ

E・F スクールカーディガンを、BDとクレリックカラーのシャツで、それぞれ米国風、英国風に着こなした。**G** エポレット付きのニットジャケットにツイードのタイ。カーキと深赤は好相性。'20年代を思わせるセルフレームのグラスで。

一ワードとなった今日の時代性を象徴するキーアイテムとして、今再び注目を集めています。私からのご提案は、リラックスウエアでも防寒着でもない、「外出着として、お洒落感を表現するためのニット」です。都会で生きる男性の、"新しい皮膚"としての可能性を感じています。

　セレクトの際に大切なのは、サイズ感です。肩、ウエスト、アームホール、袖のすべてがコンパクトなつくりで、体にフィットしていることが必須条件。丈も、ウエストでワンブレイクするほど長いものはNGです。

適度に緊張感をもたせた着こなしを
着こなしは、首まわりがポイント。必ずストールかネクタイをあしらい、立体感をもたせます。襟腰の低いシャツもいけません。あくまでも「リラックスウエアではなく、お洒落着」として活用するためには、適度な緊張感が必要なのです。

　そしてこれはニットだけに限らない、私のコーディネートの鉄則なのですが、「同じ色を2ヵ所で使わない」こと。同系色のグラデーションはOKです。こうすることで、動きのある新鮮な着こなしが楽しめるはずです。

A アウトドアの匂いのするアイテムを、プリントスカーフとカーフのチャッカーブーツで都会的に。**B** ディテールにハンティングのテイストを感じさせるカーディガンに、タータンチェックのウールタイ。ウイングチップで、さらにカントリーのストーリーをリンクさせて。**C** ニットのジレ(ベスト)にニットカーディガンを重ねて。ツイードのジレでもOK。足元は「クラークス」のチャッカーブーツ。ビッグペイズリーのウールタイが華やか。**D** 赤のニットに白のワイドカラーシャツ、ダークネイビーにウインドウペーンのスラックス。胸元にはあえて黒のソリッドタイを選んでモダンに。

ACCESSORI

アクセサリー

自分好みの風合いを出すために、手間暇は惜しまない

小物に関しても、私は新品をそのまま使いません。ここで紹介しているもので、手を加えていないのはグラスだけです。

　店頭に並ぶ帽子やストールは、製作の過程でプレスをかけられ、見栄えよく整えられていますが、素材としては眠っているようなものです。これらを目覚めさせるために、まずはぬるま湯を含ませたスポンジでポンポンと軽くたたき、均一に水分を含ませます。日陰干しで乾かしたら、スチームアイロンを。こうすることで繊維が立ち上がり、自然な風合いがよみがえります。物足りないと感じたら、さっとお湯にくぐらせることも。確かにリスクは伴いますが、自分の肌に馴染ませるためには、手間暇が必要。楽しい作業です！

帽子は格別に、手間をかける価値のあるアイテム。

A カジュアルからドレスアップまで、冬の装いにグローブは欠かせない。革物は英国「デンツ」製を愛用。右端は「エルメス」。**B** 英国「ハーバート・ジョンソン」製。**C** 左の2点、シルク地のプリントとウール無地のダブルフェイスは使い勝手がよく、おすすめ。ジャケット用、コート用と、サイズで使い分ける。**D** 仏の「アラン・ミクリ」「ラフォン」、米国の「レイバン」が多い。

ES

A B C

D

見落としがちなグラスもアップデートを

メガネ、サングラスに関しては、あまり買い替えない方も多いようですが、やはり服のトレンドとともに、ディテールは変化しています。程よく新しいものを見つけ、服を引き立たせる小道具としてうまく使っていきたいものです。例えば、'20年代を意識したノスタルジックなスタイルに、モダンでポップなグラスをかければ、それだけで今日性が加わります。

SPRING & SUMMER

クールビズファッションが
定着し、春夏のビジネス
ファッションはカジュアル化の
一途を辿っています。
だからこそ、涼やかに、颯爽と
盛夏のジャケットスタイルを
着ていただきたいのです。
そこで着こなしに差がつきます。

S UIT STYLE
made in the U.K.

SPRING&SUMMER

春夏のベースとなるネイビーのスーツには
モヘア混の英国製サマーウールを

Wear a basic suit of mohair blend
in summer.

春夏のスーツも、基本的なコーディネートは秋冬と変わりはありません。ただ、外気温や湿度の変化による素材の伸縮に、気を遣わなければいけません。

　細い織り糸やシルク混の生地のスーツは、艶感やドレープ感がエレガントではありますが、季候の影響を受けやすい側面をもっています。こうした生地の多くはイタリア製です。

　一方で、中番手以上の織り糸を使用したスーツは、着心地としては前者に劣りますが、季候の変動には強いものです。とりわけ、「強撚糸」と呼ばれる糸は、撚りが強い分、とても丈夫。2本取り、あるいは3本取りの強撚糸を使った生地は、シワになりにくく、実用に向きます。こちらは英国製がほとんどです。

　強撚糸のサマーウールというと、「暑そう」に感じる方が多いかもしれませんが、実はウール（羊の毛）は、夏涼しく冬暖かな、非常に優秀な素材です。同様に、モヘア（山羊の毛）は独特のシャリ感が魅力で、通気性に優れています。ですから、ウールとモヘアの混紡素材は、通気性に優れ、熱や湿気を逃がしやすく、しかもシワになりにくいので、盛夏の素材として最適です。とはいえ、産出量が少ないモヘアは、非常に高価。理想はモヘア50％混紡ですが、価格は一着13万〜16万円。現実的には20〜30％混紡で9万円くらいが、ひとつの目安でしょう。

　仕立てに関しても、肩パッドや毛芯、裏地等で補強されたもののほうが、形崩れしにくいため、過酷な日本の季候には合っていると思います。

SUIT STYLE
NAVY SUIT
ネイビースーツ

A　B　C

「間違いない」と思う色合わせから一歩先へ

ネイビースーツのVゾーンは、白のシャツにブルー系のネクタイが定番ですが、それではいかにも平凡でつまらないように思います。ことにスーツ姿が暑苦しく感じられがちな春夏は、"見た目の清涼感"がとても大切。ビジネスの場にふさわしい範囲で、軽やか、かつ華やかに装いたいものです。

写真でご紹介している4つのVゾーンは、左から右へ、白のボリュームを増やしつつ、淡い色を使って明度を上げるコーディネートとなっています。例えば、一番左はブルーの濃淡を重ねたトレンドのスタイルですが、ネクタイは無地でなく、黒のドットタイです。シャツとタイに、柄×柄を重ねることでリズミカルな動きが生まれ、濃色の組み合わせながら軽やかな印象となるのです。右ページのようなパステル系のネクタイは、サックスのシャツでトーンを揃えて。「昨日より、もう一歩先」の色合わせに、トライしていただきたいものです。

D

小物も「少し明るめ」で、清涼感を

ご紹介しているコーディネートは、どれも「黒の革小物が合わない」ことはありません。でも、もしオフィスのドレスコードが許してくれるのであれば、明るめの茶、タン系の革小物を推奨いたします。理由は明白。明るい色目のネクタイと、軽やかに調和するからです。

ネクタイの明度に呼応した、シャツとのカラーバランスに注目。**A** 黒のドットタイからソリッドタイに替えると重厚感が増し、見た目の暑苦しさにつながる。**B・C** 地色が白や淡色のタイは、春夏のVゾーンを涼やかに見せてくれる。ただし、ドット柄ではフェミニンに傾きすぎる。軽やかでありつつ、シックな小紋柄がベスト。**D** Cと同じVゾーン。全身で見れば、錆朱の小紋のタイが、程よくシックな印象に。**E** 独特の光沢とランダムな節やムラが特徴のシルクシャンタンは、春夏ネクタイの注目素材。**F**「チャーチ」のウイングチップは表革をセレクト。**G** カラーコントラストの効いた文字盤も、清涼感を演出。

今日風のアイビースタイル。グラスの赤をアクセントに、モダンに着こなす。

SUIT STYLE
NAVY SUIT COTTON

ネイビースーツ コットン

'50年代を彷彿とさせる、レトロなホリゾンタル（水平）チェックのタイを。

ネイビーのコットンスーツという新たな選択

5月を過ぎると、オフィス街はクールビズの季節になります。蒸し暑い日本の夏を涼やかな顔で乗り切るための新たなアイテムとしておすすめしたいのが、コットンスーツです。

　天然繊維のコットンは、吸湿性、保湿性、そして通気性に優れた生地です。カラーとしてはベージュがその代表格として知られていますが、さらに一歩進んでネイビーはいかがでしょう。さらっとドライな素材感と、少し褪めたような白っぽい色目が醸すカジュアル感は、着こなしに軽やかさを求める時代性にとてもマッチしています。実は白髪の目立つ熟年世代に、よく似合う素材です。シルエットは端正に、でも仕立ては肩パッドなしのシャツジャケットのような軽いつくりが今の気分。着こなしは、アメリカの東海岸を象徴する「アイビースタイル」を意識したコーディネートで。

A 左ページと色違いの、グレーのニットタイを。**B** タブカラーのシャツで品よく。**C** アメリカの匂いがする着こなしには、ラウンドシェイプの靴が似合う。「オールデン」のコードバン（馬の臀部の革）。

S UIT STYLE
for the midsummer

SPRING&SUMMER

過酷な夏こそ、涼やかな顔でスーツを
着こなす。これも私の美学です

It is my aesthetics
to dress well with a cool face.

いまや日本の夏にすっかり定着したクールビズファッション。はじまりは、環境対策なども含めた「衣料の軽量化キャンペーン」でした。これに対し、真っ先に提案されたのが、半袖シャツやネクタイなしのジャケットスタイルです。結果として、街には単にネクタイを外しただけのスーツ姿や、ゴルフ帰りかと見紛うようなビジネスマンが多く見られるようになりました。

そもそも、クールビズ本来の目的は、夏を涼やかに過ごすことであり、「ビジネススタイルをカジュアルダウンしましょう」ということではなかったはず。半袖のシャツを選ぶ前に、まずは涼しく過ごすための工夫をなさってみてはいかがでしょうか。

例えば、風通しのよい素材を選ぶこ

と。先のページでご紹介したコットンのほか、ウールに麻や綿を混毛した素材、コードレーン、シアサッカーなども、夏を代表する素材です。ジャケットの芯地を軽くしたり、裏地をメッシュにするなど、仕立てにこだわることも大切。さらに"見た目の涼やかさ"を演出する手段として、白が入ったネクタイを選んだり、靴をコンビシューズに替えてみるのもひとつの手です。

私自身、ビジネススタイルには、マナーと信頼感に重きを置いた、ある一定のフォーマル感を大切にしています。オフィシャルなシーンでは季節を問わず、ジャケットに長袖シャツ、ネクタイが基本。美学としても、「周囲が暑いと思う季節こそ、涼やかな顔で基本のスタイルを貫きたい」と考えています。

SUIT STYLE
HAIRLINE STRIPE

ヘアラインストライプ

A イタリアのフィレンツェで開催されるメンズファッションブランドの展示会『ピッティ・イマジネ・ウォモ』。2016年に訪れた際、地元の新聞で紹介された。**B**「チャーチ」の"シャンガイ"。リネンキャンバスとカーフのコンビ。**C** ベストなしの2ピースとして、サスペンダーで。**D** ヘアラインには、ドライな風合いのシャツが好相性。オフ白ベースの小紋柄タイで清涼感を。

大人ならば一着持ちたい、盛夏のフォーマル

ごく細い線を狭い間隔で配したヘアラインストライプ（刷毛目）は、トラディショナルな縞柄の代表格。盛夏用のスーツ生地として20世紀初頭に開発された、本来ドレッシィな素材です。ここでは3ピースのスーツとして着用しています。

　ここ数年、トレンドとして注目を集める3ピースは、18～19世紀に生まれた、男性フォーマルの原点。「シャツは下着」が原則のため、人前で上着を脱いだ際、無礼にならないようジレ（ベスト）を着用していました。現在は簡略化され、「暑い夏に3ピースなんて」と思われるかもしれませんが、それ故いっそう、佇まいにはある種の風格が漂います。

SUIT STYLE
SEER SUCKER CORD

シアサッカーコード

20世紀半ば生まれの"クールビズ素材"

ヘアラインと比べ縞が太く、波状の縞模様による凹凸感が特徴のシアサッカー。肌に触れる面が少ないため、サラリとした肌触りが魅力です。20世紀半ばに盛夏用の生地として開発された、いわばクールビズの先駆け的存在です。シワを気にせず着用できますので、携帯にも重宝します。

シアサッカーは「ブルックス・ブラザーズ」が開発した。シルクのクラブタイ、ホワイトバックスのウイングチップで。黒の丸紐に替えてある。

カジュアルなスーツには、フェミニンな要素を加えるのが鍵。足元はメダリオン付きウイングローファー。

ベージュのコットンスーツはフェミニンに着こなす

64ページではネイビーをご紹介しましたが、こちらはコットンスーツの王道とも言えるベージュです。明るい色目のためか、「派手」と感じる男性も多いようですが、軍服に由来するこの色は、本来"男の色"。乾いた砂を思わせるドライな色目には清涼感があり、夏のスーツとしてははずせない一着です。

とはいえ、ベージュはあくまでカジュアルなカラー。ビジネススーツとして着用するには、フォーマル感をプラスする必要があります。仕立てやシルエットは、あくまでオーソドックスに。薄手であっても、肩パッドの入ったものを選ぶとよいでしょう。同様に、コーディネートもドレッシィな要素を、意識して加えます。ネイビーの地に白柄のドットタイは、ドットのフェミニンさでスーツのカジュアル感を和らげ、全身の印象をキリッと引き締める効果をもっています。革小物は淡いトーンに合わせた、明るめの茶が似合います。

A ドットのポケットチーフをパフホールドで華やかに。**B** '20年代の織り柄を意識してつくったレジメンタルのタイ。かすれ感のあるドライな質感がコットンのスーツにマッチ。

パステル調で
まとめた着こなし
— POINT —

SUIT STYLE
BEIGE
SUIT
COTTON
ベージュスーツ コットン

シャツも
サックスで
馴染ませて
— POINT —

POINT
艶消し
シルクのタイ

S UIT STYLE
for the new times

SPRING & SUMMER

常に新たな時代の匂いを求めて。
カスタマイズは挑戦である

The customization
is a challenge.

サイズの修正など、私がすべての服に自分の手を加えることは先述しましたが、ここでご提案するのは、"新たなカラーへの挑戦"です。

写真で着用しているスーツは、2012年頃購入し、3年ほど着用したものです。もともとはカーキ色でした。「新しいな」と感じた色がトレンドとなり、ボリュームカラーになってしまったら、もう私が着用し続ける意義はありません。とはいえ、スーツ自体は気に入っておりましたので、「さらに一歩先の新しい色」へ進化させる必要があったのです。だから、自分で染めた。実にシンプルです。

使ったのは、東急ハンズなどで売られている、ごく一般的な染め粉。手順としては、200ccのお湯に染め粉を溶き、塩約80gを加えて原液をつくります。バ

ケツに張ったお湯に適量流し入れ、染めるものを20〜30分つけ込みます。様子を見ながら、時にはこの工程を繰り返し、最後は中性洗剤を溶かしたお湯で染めを落ち着かせて、フィニッシュ。

染め粉には色見本がついていますが、素材や染めの工程によって、仕上がりは微妙に異なります。ですから、気に入った色になるか否かは、わかりません。スーツとなれば、安い買い物ではありませんから、怖いけどチャレンジ、です。

「なぜ、そこまでして……」と言われることもありますが、100%満足のいく、自分だけの一着が仕上がったときの歓びは、何ものにも代え難いものです。「常に新しい今日を感じたい」。その思い、こだわりの前には、多少の手間や時間は、さしたる問題ではありません。

A・C インナーとして、白×紺のボーダーTシャツもスーツと一緒に染めた。素材の違いで微妙に異なる染め上がりが生んだ、配色の妙。錆朱のバンダナで差し色を。**B** 白蝶貝のボタンもいい味に。

オフタイムに楽しむシャツジャケット

カーキのスーツを染めてしまおうと考えたとき、イメージしたのは、深い森林を思わせる緑、フォレストグリーンでした。この色自体、従来は主役として注目される色ではありませんでしたが、強いインパクトを与える"パワーグリーン"として、着目すべきカラーだと感じたのです。

　主としてオフタイムに、スーツとしても単品としても楽しめるアイテムにするためには、かたちとしてはシャツジャケットのようなものがいいだろうと考えました。そこで、肩パッドを外し、裏地も外してから染めの工程に入りました。当然、リサイズもしていますので、原形はほぼ留めていないと言っていいですね。こうして服に新たな命を吹き込みながら、長く着用することは、私にとって作り手への敬意の表明であり、ファッションへの愛情を表現する手段でもあります。

SUIT STYLE
CUSTOM SUIT

カスタムスーツ

D こちらがオリジナルの姿。元はカーキだったスーツを、グリーンにして生まれ変わらせた。ご覧のようにまったく違う印象に。**E** ブルーのチェックシャツに、左ページと同じバンダナを合わせて。

同系色の色合わせなら、一見、難しい色もシックに

カラーコーディネートを考える際にもっとも簡単なのが、同系色を重ねるトーン オン トーンの組み合わせ。左ページの着こなしはその代表例です。スーツのカラーで新鮮なインパクトを与えつつ、全体としてはシックにまとまっています。

　スーツですから当然、タイドアップした着こなしも可能です。ビビッドなクレリックシャツとクレストタイでエレガンスを加え、足元はスーツのカジュアル感と同調したボーダー柄を。少々、高度なテクニックですが、大切なのは常に、足し引きのバランスです。

F あえてエレガントなクレリックシャツとクレストのタイを。襟の白が効果的。**G** 足元はグリーンをリンクさせたボーダーソックスでカジュアルに。

※10 トラディショナルスーツやジャケットに多用されている、ふた付きのポケットのこと。※11 いわゆる貼り付け式ポケットの総称。フラップポケットよりカジュアルな仕様となる。

JACKET & PANTS STYLE
for spring & summer

SPRING&SUMMER

春夏のジャケットスタイルは、色やディテールに遊びの要素を取り入れる

I adopt a factor of the play
in a color and the details.

ここで紹介する春夏のジャケットスタイルは、クールビズを意識した着こなしとなっています。しかしながらご承知の通り、ビジネスコードはオフィスによって、かなりの差があるもの。「半袖ポロ一枚でもOK」のオフィスであれば、ほとんどのコーディネートは許容範囲かと思いますが、明確に線引きできるものではありませんので、その辺りのご判断はお任せいたします。

さて、春夏の衣服は、当然ながら秋冬と比べて生地が薄くなります。色合いも、例えばブルー系であっても、ダークネイビーよりは明るめのネイビーへと移行します。こういった見た目の変化を巧く活用するためには、ジャケットそのものも、どこか少しだけ、デザインに凝ったものを選ぶのが正解です。かたちがべ

ーシックなジャケットならば、シングルブレストよりはダブルブレスト、フラップポケット（※10）よりはパッチポケット（※11）といった、微細な差です。

色みにおいては、パープルがかったネイビーや、グリーンがかったネイビーなど、曖昧色のジャケットが増えるのも、春夏の特徴。これに対処するためには、スラックスの色も、オーセンティックなグレー系などではなく、ちょっとひねった曖昧色を選択するのがよいでしょう。写真で着用しているスラックスは、僅かですがグリーンを帯びた色合いです。上下をブルーの濃淡にするのではなく、曖昧色を少しずらして合わせることで、装いに清涼感と新しさが生まれます。

A 紺ジャケにグリーンを帯びたスラックスを合わせて。インナーはカーキのバンドカラーシャツ(※12)に、グリーン系プリントのスカーフを。**B** ホワイトバックスのウイングチップはレザーソール。スニーカーはNG。ソックスにもグリーンをリンク。※12 スタンドカラー(立ち襟)の一種。帯(バンド)状の布を付けた襟のかたち。

JACKET & PANTS STYLE

NAVY JACKET

ネイビージャケット

平原ビル

ネイビージャケットのクールビズスタイル

18ページのコーディネートと見比べてみてください。いかがですか？ 同じ「紺ジャケ×グレーパンツ」の着こなしであっても、春夏の装いには軽やかさ、清涼感が加わっていることがおわかりいただけるかと思います。

第一のポイントは、ジャケットの少し明るめのネイビーにトーンを合わせた、ライトグレーのパンツを合わせていること。次に、ホワイトリネンのシャツと、ジャケットよりさらに明るいフレンチブルーのソリッドタイの対比です。この明快なコントラストが、軽やかさや清涼感を演出します。

襟元につけたフェルトのモチーフをアクセントに。春夏のジャケットスタイルは、スカーフを含め、ちょっとフェミニンな要素をプラスすることで、生き生きとアグレッシブな表情が生まれるような気がします。

C 春夏にあえてのダブルブレストジャケット。**D** 織り柄のソリッドタイ。襟元の赤がアクセント。**E**「チャーチ」のドライビングシューズを素足で。

チェックシャツに合わせたタイはハンドプリントのコットン素材。ポケットに挿した「レイバン」のサングラスも、サファリを演出する大事な小道具。

JACKET & PANTS STYLE
GRAY JACKET

グレージャケット

変幻自在。グレーの魅力を見直す

「春夏のグレー」として、ここではニュアンスカラーの代表とも言える、グレージュのジャケットをご紹介しましょう。洗いをかけたヴィンテージ風の風合いが乾いた大地を連想させ、ここ数年のトレンドでもあるプリミティブなムードにぴたりとマッチしています。

　グレーという色は、決して華やかさのある色ではありませんが、こうした質感が加わると、抑制のきいたトレンド感がむしろ大人の落ち着きや信頼感を引き立てる、効果的なスパイスとなってくれます。

　左のようにサファリテイストでトレンドを楽しむもよし、右のように上品なクールビズスタイルにしてもよし。コーディネート次第で変幻自在の表情を見せる、応用範囲の広い一着です。

A既製のブレスレットに、スラックスの裾処理に使うグログランをDカンで留めた、手作りのアクセサリー。**B**メッシュの靴でサファリを強調。**C**全身をドライな素材とカラーでまとめて。

JACKET & PANTS STYLE
BEIGE JACKET

ベージュジャケット

難易度の高いベージュは明確な目的意識をもって着こなす

ベージュのジャケットは、スーツ以上にお洒落なアイテムです。格としてはスーツに劣りますが、上半身のベージュを引き立てるような単品コーディネートは非常に高度なテクニックですし、今の時代の気分にとても合っています。

　ベージュはグレー同様、地味な印象に陥りやすい色です。着こなしのコツは、全身のトーンを合わせること。左のように、少し濃色のネクタイを選んだら、ジャケットとのコントラ

Aダンガリーのウエスタンシャツに、シルクのビッグペイズリーのタイ。褪めたカラーが鍵。**B**スエード素材、ビスケットタンのタッセルローファーにクラブストライプのソックス。

C "シャンガイ"のキルティモンクストラップ。D マドラスチェックのタイとポケットチーフはリネンのオフベージュ。E サファリのテイストに合わせ、ボトムスにはヘビーな綿麻のパンツを。

ストを緩和するために、中間色——このケースであればサックスのシャツを合わせます。右の場合は、ネクタイのトーンが浅いので、白のシャツでよいのです。サックスのシャツではむしろ、ネクタイのよさが相殺されてしまいます。

　ジャケットには、ヴィンテージ風のウォッシュ加工が施されています。かなりウエストを絞ったシルエットで襟幅は広め、肩にはパッドが入った男性的な仕立てです。ここから連想された着こなしのテーマは、「サファリ」。当然、すべてのアイテムがこのテーマに則して選ばれています。ネクタイ一本、ポケットチーフにいたるまで、明確な目的意識なくしては、効果的な使い方はできません。購入の際には、「これで何を表現するのか？」と自問自答なさることをおすすめします。

JACKET & PANTS STYLE
for the midsummer

SPRING&SUMMER

盛夏に重宝するシャツジャケットは
無地以外から選ぶ

I choose a shirt jacket from anything
other than a plain fabric.

シャツジャケットとは、シャツ生地を使ったり、裏地も肩パッドも省略した一枚仕立てのジャケットです。当然、極めて軽く、涼しいのが特徴。クールビズがどれだけ定着しようと、やはりジャケットを着用せねばならないシーンはあるものです。盛夏の装いとして、一枚持っておくと重宝でしょう。

色、かたちともに、店頭にはさまざまなものが揃っており、無地はもちろん、チェックや、写真のように個性的なプリントも見つけることができます。ビジネス仕様なのか、あるいはオフに楽しむのか。ご自分の目的に応じて、色柄はお選びになればいいと思いますが、かたちとシルエットに関しては、遠目に"スタンダード"と見て取れるものであることが条件です。

これはシャツジャケットとは直接、関係のない話ですが……、私自身は、ここ数年流行の、ジャージィ素材のジャケットは着ません。理由はごく感覚的なものなのですが、リラックスウエアに使われるジャージィでつくられたジャケットが、お洒落には見えないから、です。あえて着る理由が見つからないのです。

ジャージィのジャケットを着ずとも、「着心地と快適性を求めるのであれば、シャツジャケットという選択がありますよ」。そんな気持ちも込めて、ご提案させていただきました。

フィレンツェで開催されるメンズファッションの展示会『ピッティ・イマジネ・ウオモ』でのひとコマ。

JACKET & PANTS STYLE
SHIRT JACKET

シャツジャケット

チェックで遊ぶ、シャツジャケット

シャツジャケットの魅力は、何と言っても、その軽やかさ。一枚目に選ぶのならば、「無難な無地を」と考えがちですが、あくまでカジュアルなアイテムを真面目に着るのは、野暮というもの。私からのおすすめは、程よく遊んだチェックです。

実は私自身は、シャツジャケットを着る際、ひとつのルールを決めています。85ページのコーディネートにも共通するルールが何か、おわかりになりますか？

そうです、ニットのソリッドタイです。前述の通り、シャツジャケットはカジュアルアイテムですから、ノーネクタイであっても、何の問題もありません。ただし、ビジネスシーンでの着用ならば、「最低限の礼儀を表現するためには、ネクタイは必須」。そのベストなチョイスが、ソリッドのニットタイなのです。カラーは、黒、もしくはネイビー。シャツは白か、白以外であっても、ごく薄い色を選びます。この組み合わせが、シャツジャケットをもっとも「ドレスアップして見せる」コーディネートだと思います。

A・Bに共通するのは、黒のニットタイと白いシャツ。足元は明るい茶で。ボトムスはコットンの5ポケット。

B

JACKET & PANTS STYLE
of the British adventure world

SPRING&SUMMER

英国アドベンチャーワールドの象徴、
"サファリ"。スペシャルな世界観を日常着に

I bring a special view of the world
into the daily life.

現在、ブレイクしているトレンドの筆頭と言えば、サファリルックです。「サファリ」とは、狩猟旅行のこと。欧州の貴族や富裕層が、アフリカの草原地帯へ狩猟に出かけるために考案された衣服をイヴ・サンローランがアレンジ。1968年に「サファリルック」として発表したのをきっかけに、'70年代に大流行しました。

現在、注目されているのは、このサファリルックをさらに進化させた、いわば"モダンサファリ"です。

特徴は、狩猟という本来の目的から生まれた複数のポケットやベルト使い。過去、日本にも何度か到来したサファリブームは、アウトドアファッションとしての側面が強いものでしたが、これらデコラティブな要素は簡略化、あるいはアレンジされ、今では都会の街の景色に

も馴染むジャケットが、登場しています。

コーディネートのポイントも、あくまで都会的に、エレガントな要素を意識しながらまとめることです。同様の意味で、オーバーサイズのアイテムは厳禁。フィールドのイメージに引きずられず、「カジュアルでラフ」な要素をできるだけ排していくことが、今日的な"モダンサファリ"の在り方です。適度にボディにフィットした緊張感なくしては、トレンドのサファリジャケットも、単なる作業着へと格下げされてしまいます。

購入すべき優先順位としては、決して高いアイテムではありませんが、成熟した男性の休日に、おすすめしたいエキゾチック&スポーツスタイルです。

サファリジャケットの特徴であるエポレットを取り、肩幅、身幅を詰めてカスタマイズ。

JACKET & PANTS STYLE
SAFARI JACKET

サファリジャケット

ウールリネンのパンツに"シャンガイ"で。

サファリジャケットでドレスアップ！

職業柄、かなり服装の自由度が高い職場に身を置いていますので、私にとってはサファリジャケットも、ビジネスウエアのひとつです。スポーツ的な要素の強いアイテムを「きちんと着こなす」方法として、もっとも手軽かつ適切な方法は、タイドアップすることでしょう。

例えば、左のジャケットはリネン素材ですが、華やかなシルクタイと白シャツというドレッシィなアイテムを合わせ、さらにリネンのジレを重ねることで、都会的な印象を演出しています。従来ならばチャッカーブーツを合わせていた足元も、モンクストラップでモダンに。

いかがですか？　この装いであれば、ちょっとしたレストランでのディナーにも、充分対応できるのではないでしょうか。しかも、無難なジャケットスタイルよりも断然、洒落ています。おすすめです。

バンドカラー、タータンチェックのシャツに、ボイルスクリーンのスカーフを添えて。ジオメトリックプリントのパンツの足元は、メッシュのプレーントウ。コロニアルなメッシュアイテムは好相性。

A 黒のハイネックにバンダナ。カーキのチノパンはワイドシルエットがポイント。足元は「グレンソン」のグルカサンダル。カーフ素材。**B** ジャケットは**A**と同じ。ダンガリーのシャツにバイアスチェックのネクタイ、ブルーチノにスエードシューズを合わせて。タイドアップした分、**A**より足元がドレッシィに。

A 肩幅、ポケット位置、身幅など、カスタマイズを繰り返した綿ポプリンのジャケット。'70年代に購入したもの。**B** '70年代に流行したプリントパンツもシルエットを新たにリバイバル。**C** ベルトもメッシュタイプをチョイス。

JACKET & PANTS STYLE
SAFARI JACKET

サファリジャケット

ひとクセアイテムには、プリントのパワーで対抗

私はサファリジャケットを着る際、ネクタイとスカーフ以外は柄物を合わせませんが、例外とも言えるのが、ボタニカルなプリントパンツです。ラフなつくりの半袖ジャケットは、ある意味、非常にクセのあるアイテムですので、生半可なボトムスを合わせても、負けてしまいます。ひとクセあるアイテムに、パワーで対抗できるアイテムを合わせることで相乗効果が生まれ、お互いを活かし合う、好例だと思います。余談ですが、撮影後、このパンツは濃いめのベージュで染めてしまいました。また来シーズンも活躍してくれることでしょう。

靴はベルトと合わせた、メッシュのプレーントウ。

イメージはヘミングウェイだが、この着丈、このサイズ感が新しい。バンダナは、気に入った生地に自らミシン掛けしたオリジナル。

服同様、基本的にネクタイ等の小物も捨てることはないので、'70年代、'80年代に購入したものもある。幅やテキスタイルの手法など、時代の変化に合わせて使っている。

夏のVゾーンはコットン、リネン、一重仕立てで涼やかに

春夏のネクタイはクールビズを意識したものとなります。見た目の清涼感を出すためには、白、あるいは淡色の割合の多いものを選ぶのがセオリー。秋冬になかった素材として、コットンやリネンが加わります。大雑把な目安としては、サマーウールの正統派スーツには艶感のあるシルクタイを。コットンや麻混のカジュアルジャケットには、やはりドライな質感のタイが似合います。

TIE <u>タイ</u>

'60年代にヒットしたネクタイピンは、若い世代を中心に人気再燃。シンプルタイプを。

襟元に立体的な表情を与えるカラーピン。襟に穴が空けられたピンホールシャツに。

BOW TIE

ドライな素材感に着目。マドラスチェックなど、海を感じさせる柄も春夏ならでは。

まずは白とサックス、ベージュの無地からはじめて

スーツであろうとジャケパンスタイルであろうと、男性の胸ポケットにチーフはマストアイテムです。慣れない方は、白やサックス、ベージュの無地からはじめては。ストールにも同じことが言えるのですが、私はポケットチーフを使う前には必ず一度、軽く水を通しています。そして基本的にアイロンはかけません。スチームで洗いジワを伸ばす程度です。そして使う前に一度は必ず、軽く水を通しています。自然な表情を保ち、立体的に胸元を飾るのが理想的。

POCKET CHIEF

ポケットチーフ

SILK

独特の光沢感が特徴。エレガントな雰囲気を加えたいときに重宝するが、逆に"抜け感"重視の際は、リネンかコットンを。

COTTON

夏場、もっとも活躍するのがコットン素材。コットンスーツやカジュアルジャケットの胸元に。手持ちのチーフは'70年代に購入したものが多い。チェック柄などは、ハンカチを代用しても。

POCKET CHIEF STYLING

ポケットチーフの入れ方
注目すべきは、チーフに入った自然なシワ。胸元に挿したとき、自然な立体感が表現できる。きっちりたたまないのもコツ。

ビジネスシーンにおけるポケットチーフの基本。

SQUARE ENDED FOLD

1 裏を内側に、2回たたんで正方形にする。

2 ポケットの口幅に合わせて三つ折りにする。

3 さらに下から上へ折り上げる。

4 手前は少しずらして、奥の端が見えるように。

5 1インチ(2.54cm)以上出ないように挿す。

格式を感じさせるフォーマルスタイル。

MULTI POINTED FOLD

1 裏を内側に、ラフに三角形にたたむ。

2 底辺の角を、頂点が見えるように折り上げる。

3 反対側も同様に折る。左右対称でなくて可。

4 ポケットの口幅に合わせて、縦長に折る。

5 反対側も内側に折る。

6 下からふっくらと折り上げる。

7 角がいくつかできれば完成。

華やか&フェミニンに演出するには、シルク素材で。

CRUSHED STYLE

1 表を上にして置く。

2 片手で中央をふわりとつまみ上げる。

3 もう片方の手で、四隅をまとめるように掴む。

4 中央部分を上に折り上げる。

5 四隅のほうを後ろにしてポケットに挿す。

ビジネスからパーティまで使える。

TRIANGLE FOLD

1 裏を上にして広げ、半分に折る。

2 もう一度折って正方形にする。

3 袋になっている角を下にする。

4 右の角を中央に向かって折る。

5 反対の角も折り口幅に合わせる。左右対称に。

6 下から折り上げる。

7 三角の部分だけをポケットから覗かせる。

C OAT STYLE
by standard design

SPRING&SUMMER

ポケッタブルなコートは、スタンダードな デザインとダークカラーから選ぶ

I choose the coat which I can carry,
among dark color.

梅雨の時季を含め、雨風をしのぐナイロンコートは、春夏の必需品です。ギャバジンなど、コットン素材でも結構ですが、持ち歩きに便利なポケッタブルタイプが、機能的に優れています。

秋冬同様、デザインはオーセンティックなものに限ります。つまり、ダブルならトレンチコート、シングルならばステンカラーコートです。「スーツにフィールドコート」が市民権を得てしまった時代だからこそ、あえてスタンダードなものを着る価値が増した、と考えるからです。

適切な丈は、時代によって変わるものですが、蒸し暑い季節の着用を考慮すれば、膝上丈がいいでしょう。ご自身の体型によって似合う着丈は違いますので、慎重に試着のうえ、お直しをご検討ください。長すぎる袖丈も厳禁です。

「ポケッタブルコートだから」という利便性は、お直しの手間を省く言い訳にはなりません。

秋冬のおすすめカラーはベージュ一択でしたが、春夏には紺、黒、あるいはカーキなど、ダークカラーがオールマイティで便利です。そもそも、ダークカラーのナイロンコートは、'90年代にブレイクした、プラダのコート（実はマッキントッシュ製）がはじまりでした。

ナイロンという、ある意味、ぺらぺらとした素材をスーツに合わせるのですから、重量感を持たせるためにも、できるだけシックな色目を選ぶのが、コート姿を格好よく見せるコツだと思います。サックスブルー等、ポップな色目は避けたほうが賢明です。

COAT

コート

ブルーのグラデーションを意識した着こなし。

色で使い分ける、ナイロンコートあれこれ

ナイロンコートは、かなりの数を所有しています。写真はすべて異なるコート。用途をざっくり説明するならば、ネイビーはスーツに、カーキはジャケパンや、カジュアルスタイルに合わせることが多いようです。

　前述した通り、ダブル（トレンチ）か、シングル（ステンカラー）かはお好みで結構ですが、もし一着目を選ぶのであれば、年間を通して着用できるダブルのほうが、汎用性は高いと言えるでしょう。

　印象としては、ダブルのほうが精悍な佇まいとなりますが、現状、ミニマリズムへ向かうスーツの傾向を踏まえると、今後、もしかしたらステンカラーが主流となる時代がくるかもしれません。

A ダークネイビーのシングルコート。ダブルと比べ、フロントのもたつきがない分、軽やかに着こなせる。**B** 一年中愛用の、ダークグリーンのトレンチコート。スーツにも似合うが、デニムスタイルに。**C** '70年代の純正英国ミリタリー仕様をカスタマイズ。元々はロング丈だった。プロスペックの特殊なナイロン素材が、独特の存在感。タイドアップしたジャケットスタイルにマッチ。

※1 薄い色彩の色全般。ファッションではパステルに少しベージュやグレーを混ぜたような色を指すことが多い。

OFF STYLE
to refresh a feeling

SPRING & SUMMER

休日は、「違う自分」に装うことで 気分をリフレッシュ

I pretend to be "different oneself" on a holiday.

オフィシャルな装いに関して、私に一切の妥協はあり得ません。いつ、どこで、誰に会うのか、天気も加味しながら、週末には最低でも3～4時間はかけて1週間分の服を決めています。服は私にとって、自分の理想とする世界観を表現する、もっとも大切なツールであるからです。

それだけに、プライベートでは気分を一新するためにも、「会社に着ていく服は着ない」ことにしています。できれば布帛のシャツなどボタンのある服も着たくありません。従って、休日身につけるアイテムは、ニットを含めたカットソーが中心です。色み的には白をキーカラーに、ペールトーン（※13）を選ぶことが多いですね。引き締めカラーとして、ネイビーを散らします。

ジャケットを中心としたオンの服を"剛"とするならば、休日の服は"柔"。どちらかといえばフェミニンなフレンチスタイルを好んでいます。注意すべきは、フレキシブルな素材のカットソーだからこそ、オーバーサイズは選ばないこと。サイズを誤ったカジュアルは、だらしない印象を与え、装いが清潔感を失う大きな原因となります。

多くの男性は「休日の服＝ラクな服」という認識をおもちのようです。でも私にとっては、「働く自分とは別人格になれる装いをする」ことが、最高のリラックスにつながります。そして当然のことながら、休日、装う私もまた、私自身です。そこに手抜きなどあるはずもなく、新たな世界観、装いのヒントを常に探しているのです。

OFF STYLE
ZIP-UP CARDIGAN

ジップアップカーディガン

気に入ったアイテムは色違いで購入

服との出会いは一期一会。気に入ったアイテムに、再び巡り合えるとは限りません。ですから気に入ったものは色違いで購入することも珍しくありません。実は102ページと右ページでは、着ているアイテムはすべて同じものの色違いです。

　カットソーのジップアップカーディガンは、前立ての直線とファスナー使いがシャープ。これをVのカーディガンに替えてしまうと、昔ながらのトラッドになってしまいます。インナーには、ハイネックのカットソーを。首元の肌を隠して立体感があるので、スカーフもなし。デコレーションのないアイテムを、いかにミニマルに、色だけで装うか。しかも新鮮な印象で。これが私の休日のテーマです。

A ジップアップカーディガンは、ジャケットよりカジュアルでニットよりきちんと見える、そのバランスが休日の気分。インナーのカットソーを、Tシャツ×バンダナにチェンジするのも、アリ。**B**「ユニクロ」のパンツに、白カーフのドライビングスリッポンは「ジル・サンダー」。オフはファッションブランドの靴でリラックス。

白×黒×サックスに、
赤を効かせた
配色の妙
—— POINT

OFF STYLE

SHAWL COLLAR CARDIGAN

ショールカーディガン

白が成熟世代を輝かせる！

オフ白のカーディガンに5ポケットのコットンパンツ、そしてグレージュのプリントストール。実にシンプルでしょう？ 難しいことは何もしていません。でも、このコーディネートは、女性からの評判もなかなかによろしいようです。

　これはすべて"白のマジック"。「白は気恥ずかしい」とおっしゃる男性も多いですが、特に年齢を重ねたら、白を味方にするのは得策です。円熟味がうまい具合に作用して、気障にも見えません。ただし、オフホワイトは小綺麗に装わないと、老け感を増長する色。睡眠不足で荒れた肌や無精ひげはNGです。晴れやかな表情で着こなしてください。

'70年代に購入した「VANS」のスニーカー。クラシックが注目される今、旬のアイテム。

オフ白×白に
グレージュを効かせて。
インナーにはTシャツを
POINT

ラフィアの
帽子で
洒落感を
POINT

A

OFF STYLE
POLO SHIRT

ポロシャツ

量販店のアイテムにこだわりの小物を加えて

たとえ盛夏の休日であっても、人前でTシャツ姿になることはありません。私にとって、最高の薄着でありカジュアルが、ポロシャツスタイルです。やわらかな素材より、ある程度のハリがあって、体のラインを支えてくれる、自然な質感のあるものが好きですね。

そして、デイリーウエアに関しては、高い品質に加え、旬の匂いが感じられるアイテムに限り、量販店のものも積極的に活用しています。このページで着用した服はすべて「ユニクロ」。量販店の売れ筋商品は非常にシビアな商品開発の結果、生まれたもの。コスパについても、高く評価しています。

ただし、量販店のアイテムを「ただ着るだけ」では終わらせません。このページで言えば、ラフィアの帽子やバッグなど、必ず、自分の個性、洒落感を表現するための小物を加えます。このひと手間が、ファッションなのです。

A 量販店のベストセラー商品には、完成度の高いものが多い。「ユニクロ」のポロとパンツに、'60年代ウエストコースト風のラフィア(ヤシ科の植物の繊維)の帽子。マドラスチェックのバンダナを首元に。「シップス」のバッグは、自分で洗って風合いを加えている。**B** **A**と色違いのコットンピケ(細畝)のパンツ。帽子と「ビルケンシュトック」のサンダルがポイント。

OFF STYLE ITEMS

オフスタイルアイテム

A '70年代に購入した、「VANS」のスニーカー。**B** バティック(ろうけつ染め)のコットンストール。**C** マドラスチェックのパッチワークストール。コットン素材。**D** 同じくマドラスチェック。細番手でやわらかなコットン。**E** バティックプリントのコットンストール。**F** バスケットラフィアのポケッタブルサマーハット。洗濯機にかけ、風合いを出した。**G・H** ウールシャーリーのネッカチーフ。春先におすすめ。**I** お気に入りのラフィア帽。'60年代のウエストコーストを思わせる、ツバの狭いデザインが特徴。108～109ページでも着用。**J** 「ビルケンシュトック」のサンダル。**K** ラフィア帽と**D**のバンダナ。**L** こちらは**C**のバンダナを。**M** 「Lee」の"ウエスターナー100-J"に、コットンのVネックセーター。足元は黒のインディアンモカシンにあえて白リブソックスを。**N** "ウエスターナー"に、ナイロン混紡のM65風ジャケットを重ねて。グレーの綿パンの足元は茶のインディアンモカシン。**O** 54ページと同じカーディガンにコロニアルプリントのパンツ。シルクのニットタイとパンプスで、リラックスしたタイドアップスタイル。**P** "ウエスターナー"の特徴である、光沢のあるコットンサテン素材。1972年頃に購入したものを、肩幅・身幅・袖幅等を数年前にカスタマイズした。

PLAIN

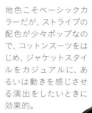

地色こそベーシックカラーだが、ストライプの配色が少々ポップなので、コットンスーツをはじめ、ジャケットスタイルをカジュアルに、あるいは動きを感じさせる演出をしたいときに効果的。

STRIPE

ソックスは全体のカラーハーモニー重視で選ぶ

スーツおよびジャケットスタイルの場合、靴下は基本的にスラックスよりも濃い色を選びます。薄い色を合わせると間の抜けた印象になるケースが多く、重厚感も失われがちだからです。特にスーツの場合、靴下は、同系色の無地以外の選択肢はありません。一方でカジュアルスタイルの場合は、"アクティブ"であることがキーワードとなるため、アグレッシブなカラーコントラストが有効となります。

ウール系または綿、麻、混紡等の2×1のリブがベスト。ちらっとしか見えないアイテムだけに、たしなみを匂わせることで洒落感を演出したい。

SOCKS 靴下

BORDER

ボーダー柄は、ラグビーやマリンなど、スポーツシーンの重要なインスピレーションモチーフ。'20年代、アイビーリーガーたちはサドルシューズには必ずボーダー柄を合わせていた。

STYLING METHOD

ご質問を受ける機会の多い
「鈴木流スタイリング」について
思いつくことをいくつか
書き留めてみました。
ほんの一端ではありますが
鈴木流 紳士の服装術として
ご参考になれば幸いです。

"自分らしさ"を見つけるには

何を買うのか
それが問題だ

私は、"何か"を探しにショップへ出掛けることはありません。好みがはっきりしていますし、「自分はこうありたい」というイメージが常にあるからです。

その時にほしい服のイメージに近い匂いのするお店を訪ね、見つからなければ別の、やはり共通した匂いをもった店に足を運びます。衝動買いは、滅多にありません。たとえネクタイ一本であっても、自分のワードローブにどう組み合わせるか、自分が望む世界観にマッチしているか……同じ店に何度も足を運びながら検討します。この"考える時間"が買い物の、そして結果的には着こなしの完成度を高めてくれるのです。

もしもあなたが「なりたい自分」のイメージを具体化できないのであれば、ご自分の"好み"を物差しにお使いください。これは装いに"その人らしさ"を醸すために、大変重要な要素です。

では、「好みがわからない」場合は？　好きなものを探しましょう！　雑誌でも映画でもテレビでも、何でも結構です。具体的なビジュアルを探す作業をしてください。自分が好きなものがわからないと、ショップですすめられたものをそのまま買ってしまうことが多く、リスクが高いのです。

人にすすめられて買ったものが、後から「似合わない」と気がついたら？　「実はそれほど好きじゃなかった」と気づいたら？　人のせいにはできません。あなたの着ている服は、最終的にあなた自身が決断して選んだものです。

トレンドに流されず
自分のスタイルを
完成させる

シーズンが変わると、ファッション雑誌では必ず、そのときのトレンド特集が掲載されます。たとえ自分の好みとは違っていても、色や素材、アイテムなど、情報を頭に入れておくことは大切です。

もちろん、自分とまるで違ったテイストのトレンドを取り入れる必要はありません。例えば、英国スタイルを嗜好している人なら、アメリカンなものは買わない。テイストが融合している場合はアリですが、まったく違う世界観を「行ったり来たり」していては、自分のスタイルが完成されることはありません。

持っている服を古く見せない工夫はワードローブのチェックから

私自身は、気に入った服は何十年でも着続けます。大切なのは、「手持ちの服を古く見せないための工夫」です。

　トレンドは、ゼロの状態から突然生まれてくるものではありません。前シーズンからの流れの中から派生、あるいは進化して生まれてくるものです。ですから、自分のワードローブとトレンドの間には、必ず何らかの"関連性"、共通した匂いがあるはずです。

　例えば、イエローがトレンドカラーならば（もちろんご自身にイエローが似合い、なおかつ「着たい」という気持ちがあるのが前提ですが）、手持ちの服の中からイエローに合うものを探してみます。そうすれば、「こんな素材の、こんなニュアンスのイエローならば着こなせる」という確信が得られるはずです。この確信が自信につながり、そして着こなしの成功体験の積み重ねが、やがて"自分のスタイル"へとつながっていくのです。

自分に似合う服の選び方

微妙なサイズの違いでスタイルは決まる

服の色や素材、アイテム等の変化は、トレンドとして理解しやすいものですが、"サイズ感の変化"に関しては、把握しきれていない方が多いようです。10年前と比較しても、現在の服は肩幅や身幅、袖幅などが、かなりコンパクトになっています。ですから、"昔の感覚"で服を選んでいると、ワンサイズ、もしくはツーサイズ大きめの服を選んでしまうことになりかねません。

私自身の感覚としては、必要最小限のゆとりをもたせつつ、体と服の間にうっすらと皮膜があるくらいに見せるのが理想です。

さらに、ご自身の体型の特徴が、年齢とともに変化していることもお忘れなく。自分の体型の弱点はどこなのか？ 弱点をどうやったらカバーできるか？ ここを把握することなしに、服は選べません。

ジャケットを選ぶ場合でも、大切なの

は「ジャケットのサイズが合っているか」だけでなく、スラックスをはいて、靴を履いて、全身のバランスがどう見えるか？ ということです。

フィッティングにはとことんこだわる

フィッティングの際、私が重要視しているのは、実際に動いたときのゆとり感です。特に運動量を必要とするのはウエストと肩まわり。ジャケットのボタンを

留めたとき、横ジワが入るのはNG。腕が動きづらいものもNGです。この2点に関しては、かなり慎重に検討します。

　いくら気に入ったものであっても、いきなり買わず、時間をかけて考えます。「今、決めなければ売れてしまうかも……」と焦る気持ちもわかりますが、買ってしまって後悔するくらいなら、売れてしまったほうがよいのです。フィッティングに妥協はあり得ません。

重要なのは、肩幅・身幅・袖丈・ウエスト

スーツを選ぶ際、重要なポイントは、肩幅・身幅・袖丈・ウエストです。

　肩幅・アームホールが大きすぎると、佇まいがだらしなく見えます。単なるサイズの問題に留まらず、周囲に「無頓着・無神経な人」という印象を与えます。

　身幅については、必ず「ネクタイをして、ボタンを留められるか否か」をチェックしてください。現在はコンパクトなシルエットが主流ですから、それだけサ

イズの許容範囲が狭いのです。ネクタイ一本の厚みといえども、おろそかにしてはなりません。袖丈は、「シャツが1〜1.5cm見える」ことを基準に決めましょう。

　スラックスもぴったりサイズはNGです。「細く見せたい」気持ちも理解できますが、ウエストには1.5cmくらいのゆとりが必要。このゆとりがないと生地に負担がかかり、縫製の糸が切れてしまったり、服が傷むのが早まります。

　太ももから裾にかけてのラインは、細い・太いなど、お好みがあるとは思いますが、膝を曲げた際に無理がなく、なおかつ体のラインをうっすら隠してくれるくらいのシルエットが理想です。

　スラックスの丈は、ドレッシィなスタイルであれば、裾が靴の甲にギリギリ当たるぐらいが基準。カジュアルなタイプなら少し短めに。丈が長すぎると、スーツの印象が重たげに感じられて、軽快感を失ってしまいます。

自分流の着こなし術を見つける

鈴木流 コーディネートの 基本ルール

コーディネートを決める際、大前提となるのはTPOです。フォーマルな場なのか？ 相手は何を望んでいるのか？ その場に何色が似合うのか？ など、条件を精査して列挙します。

次に、素材の相性や調和、新しさなど、具体的なコーディネートに移ります。アイテム同士の相性も大切ですが、それ以上に重要なのは、全体の調和、"新鮮な何か"が入っているか否かです。ベーシックなアイテムならば、デザインの新鮮さを。デザインやシルエットが新しいものならば、どこかにスタンダードな普遍性を感じられるものを。

たとえ、色と色との組み合わせが平凡であっても、素材が新しければ新鮮に見えるものです。つまり、常に必要なのは、足し算・引き算。客観的な目で全体を組み立てるよう、心掛けています。

服のテイストについて知ることも大切です。ミリタリー調、英国調など、どんな背景をもったスタイルであるのか、今、どんな提案がなされているのか。雑誌を見たり、お店で聞いたり、ポイントを摑んでおく必要があります。ただ、そのテイストに囚われすぎると、いつまでも自分のスタイルはつくれません。基本を押さえつつ、いかに自分らしさを加味できるかが、大切ですね。

最後に、ドレスコードについて。私自身は、「正しく装う」ことだけがベーシックな装いであるとは考えていません。時代の空気感を表現するためには、時に大胆な試みも必要です。このチャレンジがワードローブを活性化させ、退屈なファッションに陥らない秘訣だとも思います。「鈴木さんっていつも黒いタートルを着ている人ね」と思われたら、つまらない。「いや、僕は赤も着るんですよ」と、常に相手の予想をいい意味で裏切るような装いをしたいと考えています。

具体的な組み合わせ

コーディネートは、面積の大きなアイテムから決めていきます。つまり、スーツ（ジャケット、パンツ）、シャツ、ネクタイの順番です。

柄の組み合わせ

1 無地（主体）×無地（組み合わせる補足）
 →基本的な組み合わせ
2 無地×柄（柄として大きなくくり）
 →無地のスーツ×柄のシャツ
3 小柄×無地
4 中柄×小柄（織り柄でいうと、中柄＝1〜1.5cm、小柄＝0.5cm）
5 中柄×中柄（近いけどニュアンスの違うもの）

※視覚的に柄と柄だとけんかするが、そこを合わせるには相当な計算と芸術的な感覚が必要。

6 中柄×大柄（大柄＝最低2cm前後）
7 大柄×無地
8 大柄×小柄
9 大柄×大柄（同じ素材の、同じ組み立ての柄ではない）

※ここではスーツなど同じ素材の同じ生地のものではない。

素材の組み合わせ

1 サラッとしたもの×サラッとしたもの
 （例…スーツ[薄手の梳毛]×シャツ[ブロード]）
2 サラッとしたもの×表面感のあるもの
3 表面感のあるもの×表面感のあるもの
 （例…ツイードジャケット×ビエラのシャツ）

美しいスーツを普通に着ても何の面白みもない

この本では、服を自由にカスタマイズする楽しさについて触れています。服そのものもそうですが、コーディネートに関しても、私はブランドの提案通りに着ることはありません。

ブランドショップのショーウインドウに飾られた服をそのまま着て、それを人から誉められて、あなたは嬉しいですか？ 私は嬉しくないし、面白くもあり

ません。美しくつくられたものを、ただ美しく着るだけの行為に、何の驚きも魅力も感じません。でも、凡庸な容姿の人間が、ファッションによって素晴らしく美しく見えることは、現実にあり得ます。ファッションには、こういうミラクルを起こすパワーがあるのです。

他人が敷いたレールにただ乗っていくのではなく、どうしたら奇跡を起こせるか。こんなふうに考えてみると、ファッションはもっと面白くなるのではないかと思います。

着こなすためには
チェックワークも重要

服を美しく着こなすには、チェックワークも大切な作業です。服を脱いだら、すぐにハンガーにかけ、どこか傷んだところがないか、きちんと確認しましょう。特に靴の手入れは重要です。ソールは擦り減っていないか？ コバは傷んでいないか？ 見過ごしがちな部分ですが、コバは靴の輪郭を整える役目があるので、コバを磨いておくと、「丁寧に手入れされた靴だな」という印象を与えます。

どれほど真剣に吟味を重ね、購入した靴であっても、長い間履いていく間には、変形により履きづらくなる場合もあります。「足に合わなくなってきたな」と感じたとき、すぐに中敷きを入れるなどの対応をすれば、魚の目なども防げます。

メンテナンスに完璧を求め、神経質になりすぎるのもよくありませんが、服や靴の手入れは、気持ちに余裕がなければ、できないこと。傷んだ靴やスーツは、「気持ちにゆとりのない人」「キャパシティの小さな人」という印象を与える事実を、忘れないでいただきたいと思います。

ありがたいことに、駅の近くには靴の手入れや修繕をお願いできるお店が容易に見つけられます。自分で手入れができないのであれば、せめて人の手を借りる手間を惜しむべきではありません。

HOW TO

タイ・スカーフ・バンダナの結び方

いわゆる"巻きもの"を苦手とする男性は多い。共通するコツとしては、「ギチギチに固くしめすぎないこと」。似合うようにするには、慣れが必要。鏡を見ながら、練習あるのみ。

HOW TO TIE PLAIN KNOT

ネクタイの結び方はいくつかあるが、スーツ姿に"重厚な印象"を必要としない現在は、プレーンノットをマスターすれば、すべてに対応可能。

1 小剣(先端が細いほう)の上に、大剣(先端が太いほう)を交差させる。

2 小剣と大剣が交差する部分がズレないよう、右手で押さえる。

3 交差点を左手で押さえながら、小剣の裏に大剣を持ち出す。

4 小剣に大剣を巻きつける。

5 大剣の先を首の輪にくぐらせる。先をノット(結び目)に通して下へ引っ張り出す。

6 大剣側の中央に、左手の指を使って、ディンプル(くぼみ)をつくる。

7 右手の人差し指を使って、ノットの上をきれいに伸ばす。

8 ディンプルを指で保ったまま、ノットを適当な位置まで上方に滑らせる。

HOW TO
BOW TIE

すでに結んだ状態で売られている蝶ネクタイより、自分で結んだほうが、断然、洒落ている。できるだけ左右均等に、ふっくらと結ぶのがコツ。

ボウタイの左右の"くびれ"が、首のすぐ下で合わさるよう、長さを調整する。

長いほうを左手で持ち、上にしてクロスさせ、ひと結びする。

右手で短い側を持ち、リボンの一番太い部分を折って、横向きにする。

折ったリボンの上に、垂れるようにもう一方のリボンを下ろす。ここから蝶結び。

垂らした長いほうのリボンの太い部分を折り、輪に差し込んで少しずつ引っ張る。

両端の長さを調整しながら、結び目をしめる。蝶の羽の部分をきれいに広げて。

HOW TO
ASCOT TIE A

アスコットタイは、もともとフォーマルシーンでモーニングコートとセットで使われるものだった。カジュアルな襟元にも華やかさを添えてくれる。

利き手側に長めに持って首にかけ、短い側の上にクロスして重ねる。

HOW TO
ASCOT
TIE B

スカーフを細長く折り、アスコット風に結ぶことも可能だが、首に当たる部分にステッチがかけられた、本格的なアスコットタイを持ちたいもの。

1 長短をつけて首にかけ、短いほうが下になるようクロスして重ねる。

2 2本が交差する部分がズレないよう左手で押さえ、長い側を短い側の裏に通す。

3 プレーンノットを結ぶ要領で、さらに短い側に長い側を巻きつける。

4 長かった側の先を首の輪にくぐらせる。

5 端をノット(結び目)に通し、下まで引っ張り出す。

6 ノットを首元まで引き上げる。ここまでで、プレーンノットができ上がる。

7 2枚垂れている、下のほうの端を首の輪に通し、シャツの襟の中にきれいに収める。

2 首の輪から長いほうの端をくぐらせて、ひと結び。

3 短いほうを少し引っ張ってかたちを整え、シャツの襟の中にきれいに収める。

HOW TO
SCARF A

男性ものによくある、長方形(約30×140cm)タイプ
のスカーフ結び。ネックにぴったり添わせるのが
ポイント。

センターに近いところを、左
右均等の長さで手に持つ。

前から後ろへと巻き、後ろで
交差させたら、端を前に持っ
てくる。

ゆるめにひと結びして、完成。

HOW TO
SCARF B

こちらは女性ものにもよくある、正方形(約70×70
cm)タイプ。あまりきつく結ばず、ふわっと、適度
なボリュームで。

スカーフを広げ、対角線の
交点(センター)に向かって、
上下の端を折る。

1の半分の幅になるよう折る。
中央が少しズレているくらい
で丁度いい。

HOW TO
BANDANNA

スカーフよりもひとまわり小さな、バンダナタイプ。ポロシャツやTシャツの首元に、よく似合う。あまりかたちを整えず、ラフに仕上げて。

バンダナを広げ、対角線の交点（センター）に向かって、片方の端を折る。

同様に、反対側の端もセンターに向かって折る。

2の半分の幅になるよう折る。中央が少しズレているくらいで丁度いい。

さらに半分の幅になるように折って、全体を細長くする。

首にかけてクロスさせる。

首元でひと結びし、もう一度結ぶ。ざっくりラフな感じに仕上げて完成。

さらに半分の幅になるように折って、全体を細長くする。

首にかけてクロスさせる。

首元でひと結びする。

もう一度結んで、ざっくりラフな感じに仕上げて完成。

おわりに

僕が想う服と人。

日常の営みの中でその人が見せる何気ないシーンに、

他人が目に留める事があるとしたら、その人と服とが一体化した時、

はじめてリアリティが生まれ、格好よく印象づけるのかと思う。

その動きが服に不思議な力を与えるように。

例えば、風に靡き、風に揺れるような服が人の動きにどう反応するか？

"そんな一瞬が、映画のシーンの如く人に印象づける"

そして、その服は何処でも映えるとは限らないので、

着て行く所をあらかじめ決め、想像して着ることができると、

その印象は素晴らしいものに変化する。

ネイビーブレザーを着るなら背景にグリーンがあるといいし、

グレーのスーツを着るなら多少のコントラストが

あったほうが沈まない。こういった事を考えるのも、

装いの自己表現の上級な楽しみ方のひとつ。

この本を手にされた方が一人でも

そんな思いを抱いてくだされば幸いです。

2017年11月　鈴木晴生

協力
シップス銀座店
東京都中央区銀座 3-4-15 菱進銀座ビル B1-3F
tel 03-3564-5547
営業時間 11:00〜20:00（無休）

※本書に掲載したアイテムは、すべて著者の私物であり、
ブランド名・価格の表示をしておりません。ご了承ください。

鈴木晴生 | すずき・はるお

1947年、東京生まれ。セレクトショップ・シップス顧問。ヴァンヂャケット、テイジンメンズショップを経てシャンタルデュモ「エーボンハウス」ブランドの企画に携わった後に独立し、「メッサーフリッツ」ブランドを立ち上げる。96年シップスに入社。企画部長・執行役員を経て、現在は顧問・メンズクリエイティブアドバイザーを務める。ファッション界の重鎮であり、映画への造詣も深い。著書に『男の着こなし最強メソッド　服は口ほどにものを言う』(講談社)がある。

デザイン
芝　晶子
(文京図案室)

撮影
大坪尚人
(本社写真部)

編集協力
河西真紀

ベーシックを自分流に着こなす
こだわる男のスタイリングメソッド

2017年11月15日　第1刷発行

著者
鈴木晴生
©Haruo Suzuki 2017, Printed in Japan

発行者
鈴木　哲

発行所
株式会社 講談社
〒112-8001 東京都文京区音羽2-12-21
編集 03-5395-3527　販売 03-5395-3606　業務 03-5395-3615

印刷所
凸版印刷株式会社

製本所
株式会社国宝社

落丁本・乱丁本は購入書店名を明記のうえ、小社業務あてにお送りください。送料小社負担にてお取り替えいたします。
なお、この本についてのお問い合わせは、生活文化第一あてにお願いいたします。
本書のコピー、スキャン、デジタル化等の無断複製は著作権法上での例外を除き禁じられています。
本書を代行業者等の第三者に依頼してスキャンやデジタル化することは、たとえ個人や家庭内の利用でも著作権法違反です。
定価はカバーに表示してあります。

ISBN978-4-06-220845-1